Sebastian Haffner folgte im August 1938 seiner jüdischen Freundin, die mit ihrem Sohn aus erster Ehe gerade noch rechtzeitig im Juni 1938 nach England emigrieren konnte. Er hatte vorher in Berlin Jura studiert, noch als Rechtsanwalt gearbeitet, aber keine Freude daran gefunden. Sein Beruf wurde das Schreiben – anfangs versuchte er sich in Erzählungen, später in journalistischen Arbeiten (einiges konnte er noch in Deutschland veröffentlichen).

1940 wurde das Jahr, in dem sich zeigte, dass Sebastian Haffner nicht gewillt war, die Emigration als Zwangspause hinzunehmen. Er suchte die Chance, sich in einer fremden Sprache und in einem fremden Land mit seiner politischen Position zu Wort zu melden. Es erschien sein erstes Buch und aufgrund des Erfolgs wurde er dann Kommentator im angesehenen Londoner »Observer«.

Sebastian Haffner, geboren 1907 in Berlin, war promovierter Jurist. Er emigrierte 1938 nach England, wo er als Journalist für den »Observer« arbeitete. 1954 kehrte er nach Deutschland zurück, schrieb zunächst für die »Welt«, später für den »Stern«. Haffner ist Autor einer Reihe historischer Bestseller: »Churchill«, »Anmerkungen zu Hitler«, »Preußen ohne Legende«, »Von Bismarck zu Hitler« und »Geschichte eines Deutschen«. Sebastian Haffner starb 1999 in Berlin.

Unsere Adresse im Internet: www.fischer-tb.de

Sebastian Haffner

SCHREIBEN für die FREIHEIT

1942 bis 1949: Als Journalist im Sturm der Ereignisse

Herausgegeben von Rainer Nitsche
Aus dem Englischen von Sigrid Ruschmeier

Fischer Taschenbuch Verlag

Ungekürzte Ausgabe
Veröffentlicht im Fischer Taschenbuch Verlag,
einem Unternehmen der S. Fischer Verlag GmbH,
Frankfurt am Main, Oktober 2003

Lizenzausgabe mit freundlicher Genehmigung
des TRANSIT Verlages, Berlin

Gesamtherstellung: Druckerei C. H. Beck, Nördlingen
Printed in Germany
ISBN 3-596-15535-5

Inhalt

1942 bis 1945

1946 bis 1949

1942 bis 1945

Deutschlands zweite Revolution
Die Nazis und ihr Staat

30. August 1942

Nun, da die Welt ins nächste Kriegsjahr taumelt, wird immer klarer, daß sich in Deutschland, dem Hauptfeind und Dreh- und Angelpunkt der ungeheuerlichen Aggression, fortwährend die Regierungsstrukturen ändern. Eine zweite Revolution der Nazis löst die erste ab, und zwischen Regierung und Regierten tritt eine Kluft deutlicher zutage. Ja, mehr noch, die vollkommene Abschaffung von Recht und Gesetz, wie zivilisierte Menschen sie kennen, zeigt sich jetzt offen und ungeniert.

Das Ende von Recht und Gesetz

Das ist deshalb so schwerwiegend, weil die Idee des Rechtsstaats für Demokratien von lebenswichtiger Bedeutung ist. Den Gang zur Wahlurne machen die Staatsbürger immer nur in größeren Abständen, aber die Tatsache, daß gleiches Recht für alle gilt, liegt in ihrem ureigenem Interesse, und sie wissen, was sie daran haben. Gleichheit vor dem Gesetz ist ein Ideal, das nicht leicht und auch nicht immer vollständig erreicht wird, doch die Briten versuchen seit jeher, es zu verwirklichen. Ihre Reformen, ihre Revolten, ihre sanften Revolutionen hatten alle eine einheitliche Rechtsprechung zum Ziel, und diese Errungenschaft im Leben der Briten und Amerikaner (oder zumindest das Bemühen darum) wird in der ganzen Welt intuitiv anerkannt und geschätzt. Das kann uns in diesem Krieg noch einmal von Vorteil sein. Denn es zeigt sich immer deutlicher, wie grundsätzlich anders die Lebensvorstellungen der Deutschen sind. Die Nazis werfen die Achtung vor Recht und Gesetz beziehungsweise Gleichheit, wie wir sie verstehen, immer mehr über Bord, und ihre gesetzlose Willkürherrschaft im eigenen Land entspricht exakt der gesetzlosen Willkürherrschaft in den besetzten Ländern. Selbst in einem Herrenvolk muß es Oberherren geben.

Sehen wir uns an, wie sich die Dinge entwickelt haben. In der deutschen Politik waren die beiden letzten Wochen sehr ereignisreich. Die SS hat zwei weitere wesentliche Ressorts im Staat übernommen: Justiz und Gesundheit. Am 20. August wurde SS-Brigadeführer Thierack zum Reichsminister der Justiz ernannt und mit diktatorischen Vollmachten ausgestattet; am 27. August wurde SS-Oberführer Brandt Reichskommissar für Volksgesundheit. Thierack begann seine Amtszeit mit einer Reihe revolutionärer Erlasse, die die gesamte deutsche Rechtsprechung in den Einflußbereich der SS eingliedern und die auf nichts anderes hinauslaufen als die endgültige Abschaffung von Recht und Gesetz in Deutschland.

Deutschlands zweite Armee

Es sind alles folgenreiche neue Schritte in einem Prozeß, den man ohne Übertreibung die zweite Revolution der Nazis nennen kann. Sie dauert nun schon länger als ein Jahr und hat in den letzten Monaten und Wochen an Stoßkraft gewonnen. In ihrem Verlauf wurden in allen Bereichen Konservative und Patrioten, die die Nazis in ihrer Revolution von 1933 bis 34 zunächst nur gleichgeschaltet hatten, entmachtet und sämtliche Überreste vornazistischer Tradition getilgt. Der Hauptakteur dieser zweiten Revolution ist nicht mehr der aufgeblähte Nazi-Parteiapparat selbst, sondern der clandestine Orden der radikalsten und militantesten Nazis, die SS.

Aus Unterlagen, die uns kürzlich in Libyen in die Hände fielen, geht hervor, daß Pläne, aus der SS eine neue politische Herrscherkaste zu machen, schon im Herbst 1940 entstanden. Bevor diese Pläne aber in die Praxis umgesetzt werden konnten, mußte das deutsche Heer – immer noch die Hochburg der alten herrschenden Klassen in Deutschland und des konservativen deutschen Nationalismus der Vor-Hitlerzeit – innenpolitisch entmachtet werden, was man seit Anfang 1941 durch die Entwicklung der Waffen-SS in eine reguläre zweite Armee auch in Angriff nahm. Fortwährend wurde rekrutiert; allen jungen Männern, die statt der Wehrmacht der Waffen-SS beitraten, versprach man Vorteile wie zum Beispiel Befreiung vom obligatorischen Arbeitsdienst und später glänzende Zivilkarrieren.

Die Waffen-SS ist heute eine komplette, aus allen möglichen Spezialeinheiten bestehende zweite Armee und will es sogar zur zweiten Wehrmacht bringen, indem sie eine eigene SS-Luftwaffe aufbaut. Dazu haben kürzlich Gespräche zwischen Himmler und Göring stattgefunden, deren Ergebnisse jedoch noch nicht bekannt sind. Wie rapide die Waffen-SS vergrößert worden ist, kann man am besten daran sehen, daß seit April 1941 zweiundzwanzig neue SS-Obergruppenführer (der Titel entspricht dem Rang eines Generals) und siebenundzwanzig neue SS-Gruppenführer (der entspricht einem Generalleutnant) ernannt worden sind, und ein neuer Rang, der Oberstgruppenführer, eine Art SS-Generaloberst, kreiert worden ist.

Angst vor einem Bürgerkrieg

Bezeichnend ist vielleicht, daß die Waffen-SS in Rußland zwar in großer Zahl Seite an Seite mit der Wehrmacht gekämpft hat, man von der Rolle, die sie bei der Offensive von 1942 gespielt hat, aber wenig hört. Stattdessen wurde demonstrativ betont, daß die SS-Verbände, die am 14. Juli 1942 durch Paris paradierten, von der Ostfront zurückgeholt worden waren. Damit kann kaum noch bezweifelt werden, daß die Waffen-SS – seit dem 15. März 1942 offiziell als selbständiger Teil der deutschen Streitkräfte anerkannt – hauptsächlich für einen eventuellen Bürgerkrieg geschont werden soll. Bis dahin – ein Vorgeschmack auf Künftiges – übt sie in den besetzten Ländern die Polizeigewalt aus und überwacht die Übungen der Heereseinheiten, die zur Erholung nach Westeuropa gebracht werden.

Während die Waffen-SS als zweite Armee für den Einsatz im Inneren aufgebaut wird, übernimmt die allgemeine SS in immer mehr Bereichen des öffentlichen und politischen Lebens in Deutschland die Macht. Seit März 1942 sind SS-nahe Männer mit folgenden Aufgabenbereichen betraut und besonderen Vollmachten ausgestattet worden: Luftschutz (Himmler), Arbeitseinsatz (Sauckel), Rüstung (Speer), Straßenwesen (Werlin), Deutsche Seefahrt (Kaufmann) und nun Justiz (Thierack) und Sanitäts- und Gesundheitswesen (Brandt). Darüber hinaus hat die SS seit April 1942 die Aufsicht über alle Aktivitäten im Bereich Volksbildung sowie seit Mai 1942 die »Sicherung des Postwesens«, was immer das bedeuten soll.

Hitlers Erlaß

Wie die SS-Führung von den jüngst erworbenen Machtbefugnissen Gebrauch macht, kann man am besten anhand der Erlasse illustrieren, die der neue Justizminister Thierack in den ersten zehn Tagen nach seinem Amtsantritt verfügte. Zunächst einmal lohnt es sich, aus seiner Ernennungsurkunde zu zitieren, die am 20. August im Führerhauptquartier ausgestellt wurde: »Zur Erledigung der Aufgaben des Großdeutschen Reiches ist eine starke Justizverwaltung nötig. Ich beauftrage und ermächtige deshalb den Reichsminister der Justiz, eine nationalsozialistische Justizverwaltung in Übereinstimmung mit meinen Anweisungen und Befehlen aufzubauen. Von dem bestehenden Recht kann er dabei abweichen. Adolf Hitler.«

So lautet der Auftrag, und so wird er ausgeführt: Als erstes hat der neue Reichsminister per Erlaß den Sicherheitsdienst der SS zum Staatsorgan ernannt, mit dem die Justizbehörden »eng zusammenzuarbeiten« haben. Der Informationsaustausch zwischen ihnen ist zwingend vorgeschrieben.

Die neue Hygiene

Das bedeutet, daß die Verantwortung für »Recht und Gesetz« praktisch in die Hände des Sicherheitsdienstes der SS übergeht, der zugleich als allgegenwärtiger, öffentlich bestallter Spitzeldienst fungiert und im Grunde die Richter kontrolliert, die nun kaum mehr als Marionetten sind. Der Terror ist Gesetz geworden.

Die Ernennung des neuen Reichskommissars für Sanitäts- und Gesundheitswesen, Brandt, liegt noch zu kurz zurück (der Mann ist erst vier Tage im Amt), als daß bereits ähnliche Resultate zu vermelden sein könnten. Doch wenn man aus der Propagandakampagne Schlüsse ziehen kann, die gegenwärtig im SS-Organ »Das Schwarze Korps« läuft, der seit neuestem wichtigsten deutschen Zeitung, stehen in diesem Bereich des öffentlichen Lebens noch umwälzendere Veränderungen bevor.

Zum Beispiel weicht die Vorstellung der SS von der Gesundheit eines Volkes wesentlich von der westlicher Zivilisationen ab. Ihr geht es nicht um größtmögliche Gesundheit für jedes einzelne Mitglied der Gesellschaft, sondern ausschließlich um die der Volksgemeinschaft als ganzes. Die SS betrachtet eine Nation dann als gesund, wenn sie ihre schwächeren Glieder radikal ausgrenzt und ausmerzt und gleichzeitig eine Politik der unbegrenzten Fortpflanzung der stärkeren betreibt. Deshalb die Kampagne zur »Euthanasie«, das heißt, zum massenhaften, systematischen Mord an den Insassen von Heil- und Pflegeanstalten, der trotz weitverbreiteter öffentlicher Proteste seit Herbst 1940 verübt wird. Deshalb andererseits die skandalöse Propaganda mit dem Slogan, daß jede Frau, die – verheiratet oder nicht – einem deutschen Soldaten ein Kind gebiert, eine vaterländische Pflicht erfülle.

Fruchtbarkeitsrituale

Seit neuestem hat diese Kampagne deutlicher Gestalt gewonnen. »Das Schwarze Korps« propagiert nun unverhohlen kinderlose Ehen zwangsweise aufzulösen, und der Trend geht unmißverständlich in Richtung ebenso zwangsweiser Produktion von Kindern, nicht nur ein Muß für alle Ehepaare, sondern für alle gesunden Männer und Frauen. Das klingt vielleicht verrückt, kann aber durch eine Fülle von Zitaten aus dem »Schwarzen Korps« und anderen SS-Publikationen belegt werden.

Die »zweite Revolution der Nazis« ist gewiß noch nicht abgeschlossen, aber schon jetzt kann man sagen, daß es de facto die SS ist, die in Deutschland ebenso wie im besetzten Europa die Herrschaft ausübt. Diese Entwicklung muß man vor dem Hintergrund wachsender Zweifel in Deutschland als auch wachsenden Widerstands im besetzten Europa sehen. Sie bezeichnet das Ende dessen, was man als populäre Phase des Nationalsozialismus bezeichnen könnte, zeigt aber gleichzeitig auch, daß Hitler und seine Ratgeber auf keinen Fall vor einem Volkswiderstand im Inneren kapitulieren würden. Nun wird umgesetzt, was Hitler stets gesagt hat: »Was auch immer geschieht, es wird kein zweites 1918 geben.«

Mittlerweile hat er so viele Menschen umgebracht, daß die Untaten eines Torquemada oder Robespierre im Vergleich dazu wie Bagatellen erscheinen. Er hat das perfekteste System wissenschaftlich ausgeklügelter Folter erdacht, das die Welt bisher erlebt hat, und verfeinert es immer weiter. Er hat die Instrumente geschaffen, und er weiß sich ihrer zu bedienen: die allgegenwärtige Gestapo und die Waffen-SS, eine Armee von fünfhunderttausend bestausgebildeten und vollkommen entmenschlichten Mördern. Im Augenblick ist er der mächtigste Mann in Europa – Hitler nicht ausgeschlossen, der nun mehr oder weniger mit seiner Duldung regiert und den er, wann immer es ihm paßt, aus dem Weg räumen könnte.

*

Für ihn selbst ist das freilich kaum mehr als ein bescheidener Anfang. Mit gerade einmal zweiundvierzig Jahren befindet er sich im Zenit seiner Schaffenskraft, und das Hauptwerk seines Lebens, glaubt er, hat er noch vor sich. Er will nämlich ein neues Weltzeitalter einläuten. Während Hitler bescheiden vom Beginn eines Tausendjährigen Reiches spricht, behauptet Himmler angeblich, er lege die Grundmauern für eine Weltordnung, die zwanzig- bis dreißigtausend Jahre Bestand haben werde. »Die Menschheit«, sagt er, »befindet sich in einem Prozeß des Wandels. In Zukunft wird es zwei Rassen von Menschen geben.« Und er, Heinrich Himmler, wird sie erschaffen. Während seiner Lebenszeit hofft er noch eines der bedeutenden alten Völker, die Juden, auszurotten. Auch etlichen anderen oder am liebsten allen alten europäischen Völkern will er an den Kragen und sie vom Erdboden tilgen, angefangen mit den Polen und Tschechen. Das deutsche Volk kann in seiner gegenwärtigen Verfassung auch noch nicht zum »Herrenvolk« ernannt werden. »Wie ein Züchter, der eine gute alte Art wieder hervorbringen will«, schreibt er in einer seiner seltenen wortmächtigeren Äußerungen, »durchforsten wir die germanische Rasse und selektieren und kreuzen die perfektesten Exemplare, die überlebt haben.« Für ihn ist die SS nicht nur ein Machtinstrument, nicht nur eine herrschende Kaste, sondern auch der Grundstock einer neuen Rasse, »eine neue Gattung Mensch«, mit dem es den Übermenschen zu züchten gilt.

*

So viel zu den Ideen und Taten des Heinrich Himmler. Sucht man den Menschen dahinter, ist man überrascht. Dieser Mann ist die Personifizierung nichtssagender, gewöhnlicher Mittelmäßigkeit. Keine Spur von Größe oder Charakter, von den heftigen Passionen, die die großen Schurken historisch edlerer Zeiten umtrieben, nicht einmal von dem neurotischen Fanatismus eines Hitler. Ein ruhiger, korrekter, eher fader, umgänglicher Bursche. Das ist das entsetzliche Geheimnis Himmlers: Er ist der Biedermann, der zum Dämonen geworden ist.

Sein Gesicht treibt Karikaturisten zur Verzweiflung: eine dickliche, sauberrasierte Masse, mitten hinein ein Kneifer geklemmt. Seine Augen sind farblos, sein Blick schläfrig, und er schaut die Leute nicht an. Er kann nicht reden. Seit Jahren vermeidet er jeden öffentlichen Auftritt als Redner. Auch schreiben kann er nicht. In seinen wenigen Artikeln jagt, oft auch noch grammatisch falsch, ein grauenhaftes Klischee das andere. Doch wie viele Menschen, die nicht gut schreiben können, ist er im kleinen, privaten Kreis ein blendender Unterhalter. Sein »unerschöpflicher« Vorrat an lustigen Geschichten war ja eines der Mittel, mit denen er sich bei Hitler einschmeichelte. Ribbentrops britisches Kindermädchen fand ihn einen überaus charmanten Hausgast. »Man wäre nicht im Traum darauf gekommen, daß das der Chef der gefürchteten Gestapo war.« Ein Erzähler lustiger Anekdoten, bescheiden, ruhig, sehr bürgerlich, »immer höflich zu den Damen«, fleißig, ein zuverlässiger Mitarbeiter, ein wenig zu pedantisch vielleicht, doch effizient, ein angenehmer, nützlicher Niemand – darauf laufen alle Berichte über Himmler aus der Zeit vor seiner jetzigen Berühmtheit hinaus. Und dieser Mann ist nun der Henker Europas.

Er war der Sohn eines Münchner Gymnasialdirektors, erhielt eine normale deutsche Schulausbildung, diente zwölf Monate in der deutschen Armee und studierte einige Jahre, ohne sich aber irgendwo besonders auszuzeichnen. Zunächst kleiner Angestellter in einem Industriekonzern, versuchte er sich in bescheidenem Rahmen in der Hühnerzucht. Als Hühnerzüchter und »Landwirtschaftsexperte« trat er Mitte der zwanziger Jahre in die Nazi-Partei ein.

*

Wie Goebbels war er eine Entdeckung Gregor Strassers, damals Hitlers Rivale um die Parteiführung. Strasser nahm den jungen Himmler als Privatsekretär in seine Dienste und machte sich in der Folgezeit so manches Mal über den ungeschickten Übereifer seines jungen Schützlings lustig, über seine Leidenschaft, Verzeichnisse zu erstellen und Schwarze Listen anzulegen. Trotzdem förderte er ihn nach Kräften. Auf seine Empfehlung wurde Himmler 1929 zum Führer der SS ernannt – zu der Zeit ein Trupp von zweihundertundachtzig Mann. Doch als Strasser sich am 30. Juni 1934 zum Mittagessen setzen wollte, verhafteten ihn auf Himmlers Befehl SS-Männer, brachten ihn in einen Wald und trampelten ihn dort zu Tode.

Der 30. Juni war überhaupt Himmlers großer Tag: Mit einem Schlag stand der unbedeutende, wenig bekannte Unterführer, bis dahin lediglich Polizeichef von München, als Reichsführer SS im Rampenlicht. Von diesem Ereignis abgesehen, ist es schwer, seine Karriere an bestimmten Daten festzumachen. Dramatisch verlief sie nicht: Langsam, stetig, systematisch schlängelte er sich in die Schaltstellen der Macht. Seine Leidenschaft fürs Notizen-Sammeln und Listen-Anlegen kam ihm nun zugute; desgleichen sein Ruf, unauffällig zu sein und keinen besonderen Ehrgeiz zu haben. Als 1936 endlich der jahrelange Kampf zwischen ihm und Göring um die Schlüsselstellung des Chefs der deutschen Polizei zu seinen Gunsten entschieden wurde, lag das vielleicht daran, daß er so viel weniger gefährlich wirkte als der offen ehrgeizige, prahlerische, sich volkstümlich gebende Marschall.

*

Heute ist Himmler, wenn auch nicht dem Titel nach, ein unumschränkter Herrscher. Er fliegt von Hauptstadt zu Hauptstadt, und einerlei, wo er gewesen ist – er hinterläßt eine lange Blutspur. Europa stöhnt unter dem Joch des gräßlichsten Tyrannen, den es je erlebt hat: kein ausgewachsenes Ungeheuer, sondern ein seelenloser, gesichtsloser, gottloser Niemand.

General von Rundstedt, Oberbefehlshaber West

3. Januar 1943

Spekulationen um die deutschen Generäle sind nie ganz verstummt. Diese Herren waren während der Krise 1932/33 die geheime Macht im Hintergrund und wurden 1939, teilweise bis heute, von vielen als mögliche Gegenspieler zu Nazi-Partei und Gestapo betrachtet.

Wer sind »die Generäle« heute? Wenn wir genauer hinsehen, nur ein Mann: Feldmarschall Gerd von Rundstedt. Er allein ist übriggeblieben von dieser mächtigen Kaste von Militärs, die zwanzig Jahre lang die einzig reale Macht in Deutschland besaßen, die sich mit ihrer Niederlage von 1918 nicht abfanden und, um sie zu rächen, zunächst geheim, dann offen diesen gigantischen Militärapparat, die neue deutsche Wehrmacht, aufbauten; die die Revolution der deutschen Linken unter dem Deckmantel, ihr zu dienen, niederschlugen; die deutsche Regierungen einsetzten und absetzten; die, immer auf der Suche nach jemandem, der »ihnen die Massen mitbrachte« Möglichkeiten für politische Bündnisse sondierten und erprobten; die Hitler als ihren Knecht beriefen und dann in ihm ihren Meister fanden. Alle Mitglieder dieser einst allmächtigen Kaste sind nun entweder tot oder im Ruhestand. Mit einer Ausnahme: von Rundstedt.

*

Der Mann ist 1892 in die deutsche Armee eingetreten und war bis auf einige Monate im Winter 1932/33 nie etwas anderes als Berufssoldat. Heute ist er der Rangälteste im deutschen Offizierkorps und repräsentiert die Wehrmacht vornehmlich bei den Staatsbegräbnissen derjenigen seiner Kameraden, die auf dubiose Weise zu Tode gekommen sind. Ihm werden die beiden größten Siege der deutschen Armee in diesem Krieg zugeschrieben: Sedan und Kiew. Er ist der

Oberbefehlshaber aller deutschen Streitkräfte im Westen. Kürzlich hat er auch politische Machtbefugnisse bekommen; Er wurde zu Hitlers Stellvertreter in allen Verhandlungen mit Marschall Pétain ernannt, zu einer Art deutschem Generalstatthalter in Frankreich.

Als einziger der deutschen Generäle ist er also immer noch mächtig, sehr sogar. Wenn wir Vermutungen über »die Generäle« anstellen wollen, müssen wir von Rundstedt betrachten. Was sehen wir?

Ein markiges Gesicht, die Ähnlichkeit mit Ludendorff ist frappierend: die gleiche kühne, mächtige Stirn; der gleiche harte Mund und die von der lebenslangen Angewohnheit, die Zähne zusammenzubeißen, schmalen Lippen; die gleichen zweifelnden Augen, die hinter einem strengen, zornigen Blick einen Ausdruck der Unsicherheit und Traurigkeit zu verbergen scheinen. Das ganze verunstaltet von einem grauen Hitler-Bärtchen. Genau wie bei Ludendorff hat man zunächst den Eindruck von unbeugsamer Kraft und Entschlossenheit, bei näherem Hinsehen meint man etwas Zerbrechliches und Hoffnungsloses, etwas Boshaftes und Gekünsteltes wahrzunehmen. Ein starker Mann? Eher ein schwacher, der sich ständig heroisch bemüht, eine herrische Stärke zur Schau zu stellen. Wer oder was brennt eigentlich all diesen preußischen Kriegsasketen die Zeichen unausweichlich tragischen Scheiterns in die normierten Gesichter? Ihre Züge sind im Grunde nicht unedel, doch wenn man sie genauer betrachtet, denkt man unweigerlich an verdammte Seelen.

Von Rundstedts Karriere begann ernsthaft erst nach 1918. Das Jahr hatte ihn tief erschüttert, voller Zorn und Wut wollte er die damaligen Ereignisse und ihre Folgen nicht hinnehmen. »Alles, was links von Krupp stand, haßte er«, wie ein Beobachter sagte. Offenbar bedurfte es dieser negativen Gefühle, damit all seine Energie und Verstandeskräfte freigesetzt wurden. Bisher war er ein ganz normaler Soldat gewesen, der während des Krieges in Frankreich und der Türkei als Stabsoffizier zwar ehrenvoll, jedoch ohne sich besonders auszuzeichnen, gedient hatte. Nun aber wurde er rasch einer der führenden Köpfe der Reichswehr. Seine Karriere verlief kometenhaft schnell. 1919 noch Major, war er 1933, als Hitler an die Regierung kam, General der Infanterie und Oberbefehlshaber des Gruppenkommandos 1 in Berlin. Schon Ende der zwanziger Jahre wußten eingeweihte Kreise, daß er das beste Pferd im Stall der deutschen Streitkräfte war.

Er hatte zwei große Erfolgserlebnisse: 1923 mußte er als Oberst einen kleineren kommunistischen Aufstand in Thüringen niederschlagen, und während des dreimonatigen Belagerungszustandes verwandelte er dieses »rote« Gebiet mit erbarmungsloser Gründlichkeit in eine Hochburg der Reaktion.

*

1932 gehörte er als General zu den militärischen Handlangern beim Staatsstreich Papens, durch den die demoralisierte Regierung Preußens aus dem Amt gejagt wurde. Es ging unblutig vonstatten, aber doch haarscharf an einem Bürgerkrieg vorbei. Binnen einer Stunde war die preußische Republik, »das Bollwerk des demokratischen Deutschland«, beseitigt. Der Weg zu Hitlers Ernennung zum Reichskanzler war frei.

Gefiel Rundstedt das Ergebnis? Kein Kommentar. Er gehörte nicht zu den Generälen, die sich in die Politik des Dritten Reiches einmischten. Er stürzte sich in militärische Aufgaben, baute fieberhaft neue Armeekorps auf und plante zukünftige Feldzüge. Der Mann, der eine solch schicksalhafte Rolle in der deutschen Politik gespielt hatte, war es zufrieden, »Soldat und nichts als Soldat zu sein«.

Als sich 1938 die Lage zuspitzte, zögerte er und blieb, als im Februar so viele seiner Kameraden den Abschied nahmen. Nach München besann er sich dann eines anderen und quittierte den Dienst. Allerdings nur, um sich prompt zur

Rückkehr überreden zu lassen und wieder ein wichtiges Kommando zu übernehmen. Anfang 1939 hielt er eine Rede vor seinem alten Regiment: »Wir Soldaten müssen immer daran denken, daß wir mehr als alle anderen einfach alles dem Führer verdanken und deshalb die heilige Pflicht haben, ihm zu folgen, wenn er sich gezwungen sehen sollte, zu den Waffen zu greifen.«

*

Ein verräterischer Satz – offenbar das Resultat eines inneren Konflikts. Dahinter spüren wir die Zweifel und dunklen Vorahnungen, vielleicht sogar des unausweichlich vorherbestimmten Scheiterns und der Tragödie. Diese Zweifel wurden im Grunde nie ausgeräumt, sondern nur ausgeblendet. Nicht Überzeugung und Vaterlandsliebe veranlaßten diesen Mann, Hitlers Entschluß zur Kriegführung zu unterstützen, sondern die simple Tatsache, daß »wir Soldaten alles dem Führer verdanken«. Man kann sich den harschen, strengen Ton leicht vorstellen, in dem er, vor seinem angetretenen Regiment stehend, diese Worte herausgebrüllt hat. Und dennoch sind es nicht die Worte eines starken Mannes. Es sind die Worte eines schwachen Mannes, der Geschichte macht, ohne die Verantwortung dafür zu übernehmen.

Der Hitler von 1943

31. Januar 1943

Es ist ein Zeichen der Zeit, daß die Person Adolf Hitler nach zehn Jahren Herrschaft so gut wie uninteressant geworden ist. Vorbei die Ära, da er der meistdiskutierte Mann der Welt war, als das »Rätsel« Hitler zum Schreiben ganzer Stapel von Büchern und Serien von Artikeln verführte, als selbst viele seiner Gegner ihm eine gewisse Bedeutung attestierten, als alle seine Reden in den Hauptstädten der Welt dringlichst erwartet und minutiös interpretiert und seine jeweiligen Tagesstimmungen in den Depeschen der Botschaften haarklein festgehalten wurden. Das alles scheint einer lange zurückliegenden Vergangenheit anzugehören.

Der Mann ist kein Akteur der Weltgeschichte mehr. Er ist Gefangener des Schicksals. Seine Reden, seine Taten sind nun mühelos vorhersagbar. Er kann die Welt nicht mehr überraschen. Wie Schillers Wallenstein hat er sich hinter seinen eigenen Taten verschanzt. Er hat keine Wahlmöglichkeiten mehr, er hat sich selbst alle Rück- und Auswege verbaut. Ja, er ist kaum noch ein Mensch mit freiem Willen; als einzige Aufgabe bleibt ihm, an der Macht festzuhalten und dafür zu sorgen, daß Deutschland den steilen Weg hinab ins Verderben mit ihm gemeinsam bis zum bitteren Ende geht.

*

Auch politisch bringt es kaum noch etwas, seinen Charakter zu analysieren und die stets neuesten Phasen seiner erstaunlichen Wandlungen zu verfolgen. Doch vom Standpunkt eines Künstlers bietet sich ein faszinierendes Schauspiel. Was dieser Mann, Adolf Hitler, nun auf der Bühne der Welt zum besten gibt, übertrifft sogar noch Shakespeares große Dramen von Verdammnis und Untergang, »Macbeth« oder »Richard III.«

Man betrachte sein Gesicht. Am 8. November 1942 wurde während seiner Rede im Münchener Bürgerbräukeller ein Foto von ihm aufgenommen. Mit markerschütternder Stimme verkündete er, daß Stalingrad eingenommen sei und ihn dort niemand wieder hinausbringe, daß er die Juden, »wo immer sie seien«, vernichten und niemals kapitulieren werde. Das Gesicht auf dem Foto ist nicht mehr das des Imperators, das er sich in den Jahren des Triumphs zugelegt hat, sondern das eines Irren: aufgedunsen, ungesund, bleich und vernachlässigt; in den Augen glitzert der Wahn.

Neu ist es nicht. Wer Hitler in den dreiundzwanzig Jahren seines öffentlichen Lebens beobachtet hat, erkennt in der Maske dieser gehetzten Kreatur den ganz frühen Hitler, die halb vergessene Visage des grobschlächtigen Bierkeller-Redners von 1920, die Bettler-Oper-Maske, bei der man an billige Absteigen und Obdachlosenheime denkt, an den gesellschaftlichen Sumpf, aus dem er kommt. Nun, da er nichts Dämonisches mehr besitzt, kehrt Hitler zu seinen Ursprüngen zurück.

*

Der Führer ist verschwunden, der geradezu elegante Mann in tadelloser Uniform, an den wir uns aus den Wochenschauen der Dreißiger erinnern. Hitler, wie er aufrecht in der schwarzen Limousine steht, im herrscherlich umgelegten Cape langsam die Front der angetretenen Truppen abschreitet, ausländischen Staatsmännern lächelnd die Hand reicht – diesen Mann gibt es nicht mehr. Die noble Maske ist gefallen. Sie hat dem Druck der Enttäuschung, den Härten und quälenden Problemen nicht standgehalten.

Verschwunden ist sogar der Hitler der Jahre 1930 bis 34, der Volkstribun, der jäh zu Amt und Würden aufstieg, der Kleinbürger, der verlegen seinen Zylinder auf den Knien hielt. Doch auch den Sonderling Hitler, der plötzlich in die bescheidene Biederkeit seiner Kindheit zurückfand, den Jungen aus Braunau, der es zu etwas gebracht hatte, den Mann, der nach Rauschnings Schilderungen bei Kaffee und Kuchen über den Weltuntergang parlierte – auch den erkennt man nicht mehr in dem Hitler von 1943. Wer uns jetzt wieder anstarrt, ist der Hitler der frühen zwanziger Jahre, die verkrachte Existenz mit ihrem Groll auf die ganze Welt, der Hitler, der nach einer zweistündigen, vor Drohungen strotzenden Haßtirade in einem obskuren Bierkeller in seine Dachkammer zurückkehrte, dort Mäuse nach trockenen Brotkrumen springen ließ und von seiner baldigen Rache an der gesamten Menschheit träumte.

Doch nicht nur sein Gesicht ist wieder so abgrundtief häßlich wie zuvor. Man höre seine Reden. Es gab eine Zeit, in der Hitler sich, wenn auch noch so pervertiert, der Sprache eines Staatsmannes bediente, und davor redete er wie ein überaus raffinierter, kluger Demagoge. Damals wußte er, wie er bei seinem Publikum ankam. Er wußte, was er sagen konnte, und wann er aufhören mußte. Schrie er sich in Wut, dann war das wohlkalkuliert. Bei leicht zu widerlegenden, kurzfristigen Prophezeiungen ließ er sich nicht ertappen, und wenn er log, log er mit solch dreister Überzeugung, daß es einem den Atem verschlug.

Wenn er heute lügt, steht ihm der kalte Schweiß auf der Stirn; er stottert und sucht nach Worten wie ein Angeklagter beim Kreuzverhör. Seine Prophezeiungen sind unbesonnen und tollkühn. An den falschen Stellen übermannt ihn der Zorn. Selbst sein Publikum entgleitet ihm; und es ist geradezu erbärmlich, wenn er darüber scherzt, daß seine Reden aus Mangel an Übung schlechter werden.

*

Es sind ja auch nicht mehr die Reden eines Staatsmannes, und auch nicht die eines brillanten Demagogen. Sie erinnern wieder an seine allerersten Exzesse, diese konfusen, halb irren Rasereien gegen die jüdische Weltverschwörung, den Teufelspakt von Hochfinanz und Bolschewismus, die apokalyptischen Visionen und das ewige Schreien nach Blut …

Der Staatsmann Hitler ist gescheitert. Der Feldherr auch. Ja, sogar der Demagoge. Wieder zum Vorschein kommt der primitive, blutrünstig monomanische Spinner von 1920 bis 23. Seine Politik ist wieder so irrational und egozentrisch wie zu Zeiten seines verrückten Bürgerbräukeller-Putsches. Während es heute im wesentlichen: »Niemals werde ich kapitulieren« heißt, tönte er damals: »Die Zukunft sieht Deutschland frei oder mich tot.«

Weder wurde Deutschland »frei«, noch sah man »ihn tot«. Als ihm 1923 Gefahr für Leib und Leben drohte, ist er weggelaufen. Vielleicht liegt darin die letzte Überraschung, die er 1943 für die Welt noch bereit hält.

Paul Joseph Goebbels wurde 1897 als Kind armer, biederer, erzkatholischer Eltern im Rheinland, in der kleinen Provinzstadt Rheydt, geboren. Er war von Geburt an durch einen Klumpfuß behindert und außergewöhnlich intelligent. Die Schule absolvierte er mit Auszeichnung und bekam für sein Universitätsstudium von einer religiösen Stiftung zur Förderung mittelloser, katholischer Jugendlicher mit überdurchschnittlicher, vielversprechender Begabung und charakterlicher Eignung ein Stipendium.

In Heidelberg studierte er bei Professor Gundolf, einem hervorragenden jüdischen Gelehrten und Autor von Standardwerken über Goethe und Shakespeare, die heute in Deutschland verboten sind. Politisch gehörte der junge Goebbels zu Studentengruppen radikal linker Couleur, verkehrte mit jüdischen und katholischen Kommilitonen, die ähnliche Meinungen vertraten wie er, und verabscheute Reaktion und beginnende Nazi-Bewegung zutiefst.

*

Nach seinem Examen erlebte Goebbels harte Zeiten. Er schrieb mehrere Theaterstücke und Romane, von denen nur einer einen Verleger fand und sich als Mißerfolg erwies. Vergeblich bewarb er sich um eine Stelle als Korrespondent des liberalen »Berliner Tageblatts«, das einen jüdischen Besitzer hatte. Er führte das triste Leben eines Provinzbohémiens, verdiente mit Literaturvorträgen einen Hungerlohn, ergriff dennoch keinen bürgerlichen Beruf und staute die ganze Wut des ewig mißverstandenen, nicht anerkannten Genies in sich auf.

Dann entdeckte ein örtlicher Nazi-Funktionär, vielleicht in einem von Goebbels' Vorträgen, dessen rhetorisches Talent und bot ihm eine bezahlte Stelle als politischer Redner an.

Goebbels akzeptierte, tingelte ein Jahr lang durch die Dörfer und Städte des nördlichen Rheinlandes und hielt Reden für die Nazi-Partei. Das war 1924.

*

Dann fiel er den Brüdern Gregor und Otto Strasser auf, die zu der Zeit die Nazi-Partei in Norddeutschland führten (Hitler war nach seinem Bierkeller-Putsch in Festungshaft) und sie in Konkurrenz mit den radikaleren Sozialisten und Kommunisten zu einer Arbeiterpartei zu machen versuchten. Goebbels wurde Schriftleiter ihrer Wochenzeitung, »Nationalsozialistische Briefe« und schrieb Leitartikel, in denen er die Genialität Lenins pries und sich auf die sozialistische Diktatur der Zukunft freute.

Bis zu diesem Punkt gibt es kaum einen Bruch in seinem Lebensweg – dem Lebensweg eines vergrätzten, labilen Linksintellektuellen, der langsam und unmerklich vom Idealisten zum Zyniker wird. Doch dann, 1926, passierte etwas mit ihm. Er lernte Hitler kennen und geriet sofort restlos in dessen Bann. Die Briefe, die er ihm nach ihren ersten Begegnungen schrieb, sind mittlerweile gedruckt worden; sie klingen wie Liebesbriefe und sind erfüllt von einer glühenden, nachgerade verzückten Verehrung. Unter Hitlers Einfluß wurde etwas in ihm entfesselt: die wilde, dämonische Macht des Demagogen, die ihn seitdem zu einen der finstersten Figuren der Zeitgeschichte hat werden lassen.

*

Er brach mit seinen alten Freunden. Er verließ, verriet und bekämpfte die Brüder Strasser. Er warf seine früheren Auffassungen über Bord. Und am allererstaunlichsten: Er änderte sogar seinen Stil. Den umständlichen, ernsthaften, eher schwerfälligen Stil seiner frühen Leitartikel erkennt man kaum wieder in der unglaublich gehässigen, vulgären, giftigen Schreibweise, die nach 1927 das neugegründete Wochenblatt »Der Angriff« prägte.

Die Methoden, mit denen Goebbels in dieser Zeitung sechs Jahre lang Nazi-Propaganda machte, sind ohne Beispiel. Verleumdung und üble Nachrede trieb er in nie dagewesener Weise auf die Spitze. Durch den schier atemberaubenden Haß, den er predigte, die schiere Dreistigkeit seiner Lügen brachte er seine Leser regelrecht um den Verstand. Die Kunst des Gerüchteschmiedens verfeinerte er, indem er sich den jüdischen Stellvertretenden Polizeipräsidenten von Berlin als erstes Opfer erkor. Ohne die geringsten Beweise schaffte er es, in einer Dauerkampagne über mehrere Jahre hinweg, diesen hochangesehenen Beamten, einen früheren Offizier und Inhaber hoher Tapferkeitsorden, als die Inkarnation des Lasters und der Korruption hinzustellen.

*

Die vielen Geldstrafen für üble Nachrede zahlte er mit Freuden und setzte nach jeder Verurteilung noch einen drauf. Er änderte den Vornamen des unglücklichen Mannes eigenmächtig von Bernhard in Isidor und machte aus »Isidor« einen Schlachtruf, den die Nazi-Rüpel schrien, wo immer der Mann auftrat. Es war die Generalprobe für seine späteren Verleumdungskampagnen gegen Churchill und Roosevelt.

Unter Hitlers Einfluß entdeckte Goebbels die Schwarze Kunst der Propaganda. Er fand heraus, daß man durch genau kalkulierten und dosierten psychologischen Druck jedes, aber auch jedes gewünschte Gefühl in einer Masse hervorrufen kann, und dieser neuen Waffe bediente er sich fortan mit grenzenloser Verachtung für die Wahrheit und den menschlichen Verstand. Ihm seine Ungereimtheiten und Lügen vorzuhalten ist sinnlos, denn Ungereimtheiten und Lügen sind ja gerade die Werkzeuge seiner Kunst: Wie ein Experimentalwissenschaftler versucht er in einem fort, ihren Wirkungsbereich zu erweitern und den menschlichen Verstand immer vollständiger zu lähmen und zu unterwerfen – was ja sein Ziel ist.

Männer wie Göring, Himmler, Ribbentrop oder die deutschen Generäle betrachtet Goebbels natürlich mit einer gewissen Verachtung. Sie sind auch alle seine persönlichen Feinde. Sie versuchen ja nur, wird er sich sagen, was schon oft versucht worden ist, nämlich die Körper der Menschen zu unterwerfen und zu beherrschen; nur ich, Hitlers größter und getreuester Schüler, arbeite an einer Aufgabe, die noch niemand erfolgreich in Angriff genommen hat: den Geist des Menschen zu unterwerfen und zu manipulieren.

Dabei ist dieser Intellektuelle, der zum Verräter am Intellekt geworden ist, kein glücklicher Mensch. Sein Leben strotzt von eigenartigen, pathologischen Widersprüchen. Obwohl niemand mehr und unheilvollere Macht über die Köpfe der Deutschen ausübt, ist niemand als Person unbeliebter. Alle hassen ihn, selbst die gesamte Nazi-Partei. Seine antisemitischen Propagandaexzesse richten sich nun gegen ihn. Für den kleinen Nazi ist diese unheimliche Figur Goebbels mittlerweile selbst die Verkörperung des diabolischen Juden aus seinen Schmähreden, und die Gerüchte, die ihm jüdische Vorfahren andichten – vermutlich völlig grundlos –, nehmen in Deutschland kein Ende.

*

Goebbels hat aber auch noch andere, noch abartigere Züge. Dieser Mann, der wegen seiner körperlichen Mißbildung nie im Krieg gewesen ist und als er sich bei mehreren Gelegenheiten physisch bedroht fühlte, krankhafte Feigheit gezeigt haben soll, umgibt sich, wo immer er kann, mit verwundeten Soldaten, hält Reden vor ihnen und posiert mit ihnen für die Photographen. Ähnlich widersprüchlich inszeniert er, der für sein ausschweifendes Leben berüchtigt ist, er, dessen Affaren mit Tänzerinnen und Filmstars ein einziger öffentlicher Skandal sind, mit den ständigen Schwangerschaften und Geburten seiner Frau einen widerlichen Reklamerummel.

In dem erbärmlichen Bemühen, sich persönlich beliebter zu machen, posiert er dauernd für Bilder, die ihn als Familienvater zeigen. Diese Bilder sind der Gipfel an surrealistischer Kunst, Gruppenphotos einer vergangenen Epoche: der Paterfamilias im trauten Kreise der Familie, ein Säugling sitzt auf seinem Schoß. Doch dieser Paterfamilias ist eine dunkelhäutige, mephistophelische Figur mit einem diabolischen Lächeln, und es läuft einem kalt den Rücken herunter.

Trotzdem ist dieser unglückliche, perverse Mann eine große Macht in Deutschland und heute noch mächtiger als je zuvor. In seinen letzten Reden ist er fast zu seinen radikalen sozialistischen Anfängen zurückgekehrt. Ist es eine wirkliche Rückkehr? Oder ist es sein Fluch, daß er von nun an das parodieren muß, was einmal seine ehrliche Überzeugung war – im Dienst der Schwarzen Kunst des Lügens und Betrügens, deren Hohepriester er geworden ist?

Wann bricht Deutschland zusammen? *31. Oktober 1943*

1918 überraschte Deutschland die Welt mit der Kapitulation in dem Moment, als seine endgültige Niederlage besiegelt, seine Widerstandskraft aber noch nicht erschöpft war. Daraus erwuchsen ihm zwei Vorteile. Es verhinderte, daß seine Erde zum Schlachtfeld wurde und bewahrte die für den Wiederaufbau unerläßlichen Produktionsanlagen vor der Zerstörung; darüber hinaus stürzte es die siegreiche Koalition in Verwirrung, weil es die Probleme eines Friedensschlusses auf die Tagesordnung brachte, bevor man noch darauf vorbereitet war.

Heute ist Deutschlands militärische Lage so hoffnungslos wie vor fünfundzwanzig Jahren. In einer Hinsicht sogar noch hoffnungsloser, denn dank unserer Luftoffensive sind viele seiner Industrieanlagen – und damit seine Möglichkeiten zum Wiederaufbau – zerstört. Wird Deutschland trotz der militärischen Niederlage noch einmal die politische Initiative an sich reißen? Wird es wieder »zusammenbrechen«?

1918 wurde die Kapitulation von zwei sich deutlich unterscheidenden politischen Kräften herbeigeführt: zum einen von der Massenbewegung der Arbeiterklasse und Teilen des Bürgertums, die aus einer Mischung von Kriegsmüdigkeit, Einsicht in die Niederlage, Mißtrauen in Deutschlands Kriegsziele und durchaus auch dem aufrichtigen Wunsch nach internationaler Versöhnung endlich Frieden wollten. Zum anderen vom deutschen Generalstab, der nach September 1918 hoffte, sich der Verantwortung für die Niederlage und deren Folgen im Windschatten einer demokratischen Sündenbock-Regierung entziehen zu können, und deshalb sowohl die Revolution als auch die Kapitulation unterstützte.

Auch heute herrschen Pessimismus und Friedenssehnsucht in der Masse der Deutschen. Das beweisen nicht nur neutrale Berichte und indirekt die Propaganda in Deutschland selbst, sondern vor allem der nackte, brutale Terror, der seit Himmlers Amtsantritt zum Reichsminister des Inneren gegen sogenannte Defätisten entfesselt worden ist. Der Friedenswille im Volk ist auch nicht gänzlich passiv. Gerüchte über lokal begrenzte Unruhen und Streiks haben sich in letzter Zeit vervielfacht, und selbst die Nazi-Behörden betrachten offenbar die Lage an der Heimatfront als ernst.

Dennoch bestehen drei große und vermutlich entscheidende Unterschiede zu 1918. Zunächst einmal scheint die Kriegsmüdigkeit heute auf die Zivilbevölkerung beschränkt zu sein, während 1918 die Moral der Streitkräfte – und besonders der Marine – schon vor der der Zivilisten zusammenbrach. Die Desertionen nehmen zwar zu, und viele Gefangene sind nervlich sehr instabil, doch das Gros der Wehrmachtssoldaten kämpft im allgemeinen immer noch willig und gut.

Der zweite Unterschied ist womöglich gravierender. Im letzten Krieg hatten die Massen in Deutschland eine politische Vertretung mit einer Mehrheit im Reichstag, die sich zumindest seit 1917 einer Annexionspolitik widersetzte, fähig und bereit war, eine alternative Regierung zu bilden und die Folgen der Niederlage auf sich zu nehmen, und die den Siegern mit reinem Gewissen gegenübertreten konnte. Diesmal existiert nichts dergleichen. Der Friedenswille im Volk hat keine Stimme, ist nicht organisiert und überdies von der Angst vor der Zukunft überlagert, die aus dem Gefühl der Schuld erwächst.

Und schließlich besitzen die Nazis etwas, das das Kaiserreich nicht besaß: einen Unterdrückungsapparat, der insbesondere darauf ausgerichtet ist, mit zivilem Widerstand und Sabotage fertig zu werden, was er in allen besetzten Ländern erfolgreich unter Beweis gestellt hat. In dem beklagenswert raschen Ende der Verschwörung der Münchner Studenten steckt eine Lektion. Und daß sich deutsche Bürger als geschicktere Verschwörer und Revolutionäre erweisen als beispielsweise Tschechen oder Franzosen, ist unwahrscheinlich.

Druck von ziviler Seite wird deshalb wohl kaum zur Kapitulation der Deutschen führen. Aber vielleicht bewirkt er eine Krise innerhalb der Führung. Werden die Befehlshaber der Armee auf die Taktik von 1918 zurückgreifen?

Die Russen halten das anscheinend für möglich. Mit ihrer Förderung des »Bundes deutscher Offiziere« und des »Nationalkomitee Freies Deutschland« in Moskau versuchen sie offensichtlich, sich bei den höchsten Rängen der deutschen Militärclique anzubiedern. Rein praktisch ist ein Militärputsch in Deutschland gar nicht einmal unmöglich: Die Wehrmacht ist der Waffen-SS als kämpfende Truppe immer noch weit überlegen, und jeder Schritt in Richtung Frieden würde eine überwältigende Unterstützung in der Bevölkerung finden. Aber so funktioniert die deutsche Wehrmacht nicht. Deutsche Generäle haben es sich stets zur Regel gemacht, politisch unter zivilem Deckmäntelchen zu agieren. Sie haben Weimar benutzt, um ihre Niederlage zu verschleiern. Sie haben Hitler benutzt, um ihre Wiederauferstehung zu verschleiern. Es ist unwahrscheinlich, daß sie nun aus der Deckung kommen und die Verantwortung übernehmen, die doch nur darin bestehen würde, die Auflösung des deutschen Heeres einzuleiten.

Der Bruch – falls er denn kommt – wird sich, wie in Italien, in höchsten Regierungskreisen vollziehen. Im Moment klammert sich die Nazi-Führung verzweifelt an die Hoffnung, das anglo-amerikanisch-russische Bündnis zu spalten und auf irgendeine Weise entweder im Osten oder im Westen einen Separatfrieden zu erreichen. Diese Hoffnung kann sehr wohl das Nazi-Regime selbst spalten, weil unweigerlich eine »östliche« und eine »westliche« Fraktion entstehen würden, die, wenn sich die Dinge zuspitzten, zur Tat im Inneren schreiten würden, um die korruptesten Führerfiguren loszuwerden und Deutschland ein politisches Gesicht zu geben, das ihren Zwecken dient. Dann würde entweder eine nationalkommunistische Regierung oder eine »bürgerlichere« mit Leuten vom Schlage Schachts entstehen. Allerdings deutet bisher wenig darauf hin, daß das Stadium des Handelns schon erreicht ist, und ob es je so weit sein wird, ist Gegenstand reiner Spekulation.

Ein relativ irrationaler und schwer faßbarer Faktor mag sich als entscheidend erweisen: die allgemein in der deutschen Politik seit der Nazi-Tyrannei herrschende Trägheit und Apathie. Das Deutschland von 1914 bis 1918 war politisch sehr lebendig. Es war ein selbstbewußtes Land, voller Diskussionen, Hoffnungen, Sehnsüchte, Ziele. Selbst die Niederlage erzeugte noch keine Verzweiflung. Parteien und Gruppen wollten unbedingt Verantwortung übernehmen. Dinge kamen in Bewegung. Die Leute traten an die Öffentlichkeit, um ihre Chancen zu nutzen. Man schlug sich die Köpfe ein, doch die Hoffnung blieb.

Heute bewegt sich nichts in Deutschland. Aus irgendeinem Grunde scheitern alle Pläne auf dem langen, mühsamen Weg vom Gedanken zur Tat. Die Leute versuchen auch gar nicht mehr nachzudenken. Zynisch und verzweifelt lassen sie den Dingen ihren Lauf. In der Zwangsjacke von Verbrechen und Terror trottet die Nation mechanisch, in dumpfer Unverantwortlichkeit ins Verderben. Schwer zu glauben, daß dieses Deutschland wie 1918 springt und auf allen Vieren landet. Nichts ist gewiß, doch es sieht sehr danach aus, als werde es mit routinemäßiger Verbissenheit fast – aber nicht ganz – bis zum bitteren Ende kämpfen, darniedersinken, mit den Schultern zucken und erstarren.

* Himmler wurde im August 1943 zum Reichsminister des Inneren ernannt.

* Münchner Studenten: Am 18. Februar 1943 wurden in München oppositionelle Studenten festgenommen, die in der Gruppe »Weiße Rose« mitgearbeitet hatten. Deren Mitglieder wurden alle hingerichtet.

Hitlers Befehl an seine Truppen in Italien, die Gustav-Linie um jeden Preis zu halten, »weil eine lückenlose, erfolgreiche Verteidigung wichtigste politische Auswirkungen« haben werde, gab damals zunächst Rätsel auf. Doch seit seiner Rede vom 30. Januar und der folgenden Propagandaflut, die ganz im Zeichen dieser Rede stand, erscheint der Befehl in einem neuen Licht. Wir können Deutschlands unmittelbare Absichten und das dahinter steckende politische Kalkül nun zumindest besser erraten.

Die entscheidenden Sätze in Hitlers Rede besagten, daß Großbritannien in Europa nichts mehr zu bestellen habe und der Sieger im Krieg Deutschland oder Rußland heißen werde. Aus dem Wortgerassel in die Wirklichkeit übersetzt, kann das bedeuten, daß Hitler beschlossen hat, die Westmächte um jeden Preis aufzuhalten – selbst um den Preis einer Niederlage gegen Rußland.

Sich auf eine solche Entscheidung zu verlassen, wäre allerdings sehr voreilig. Er möchte uns im Moment in dem Glauben wiegen, daß er sie bereits getroffen hat, und der Befehl an seine Truppen in Italien ergibt in diesem Zusammenhang auch einen Sinn. Jedenfalls bildet die erfolgreiche deutsche Verteidigung in Italien einen entmutigenden Kontrast zu der ungebrochenen Serie russischer Siege im Osten. Was auch beabsichtigt ist, denn Hitler hat uns ja zu verstehen gegeben, daß er »wichtigste politische Auswirkungen« erwartet. Mit Worten wie durch militärische Operationen will er uns die Botschaft übermitteln: »Ich bin in der Lage – und entschlossen – euch abzuwehren. Auch noch Rußland abzuwehren, schaffe ich vielleicht nicht. Jetzt müßt ihr euch entscheiden.«

Hier blufft Hitler – ganz offensichtlich. Sein Ziel ist es nicht, Frankreich und Italien zu halten, und Deutschland in der Zwischenzeit von Rußland erobern zu lassen. Sein Ziel ist es, die Westmächte mit der Drohung zur Raison zu bringen, daß er die Russen Deutschland erobern läßt, während er Frankreich und Italien hält. Bisher sind die Kosten, seinem Bluff durch Militäraktionen Nachdruck zu verleihen, nicht zu hoch gewesen. Er mußte lediglich die deutsche Abwehr an der kurzen italienischen Front überproportional verstärken, was zu Lasten territorialer Verluste in Rußland, Polen und den Baltischen Staaten ging – das heißt, Verluste von Gebieten, die er vorher erobert hatte.

Doch die Westfront wird größer werden, während sich die Ostfront den Grenzen Deutschlands nähert. Wenn Hitler das Täuschungsmanöver, das er in Szene gesetzt hat, durchziehen will, wird er mit Sicherheit bald zu verzweifelten Aktionen getrieben. Vielleicht muß er eines schönen Tages und noch in diesem Jahr entscheiden, ob er Paris oder Berlin aufgeben will. Es wäre gar nicht untypisch für ihn, wenn seine Wahl gegen Berlin ausfiele. Aber eventuell hat er dann gar nicht mehr die Möglichkeit, seine Pläne zu revidieren. Worauf er freilich bei all dem spekuliert, ist ganz und gar durchsichtig – und ganz und gar falsch. Offenbar gibt er sich immer noch der unerschütterlichen Hoffnung hin, daß Großbritannien und Amerika das Vorrücken der Roten Armee bis zum Rhein so unerträglich fänden, daß sie sich lieber mit Nazi-Deutschland arrangieren würden. Was derart absurd ist, daß man es gar nicht widerlegen muß.

Des weiteren hofft er – und die Illusion hatte auch Napoleon im Winter 1812 –, daß sich seine von ihm unterworfenen europäischen Feinde angesichts des Vormarschs der russischen Armeen nach Europa zwecks »eines europäischen Verteidigungskrieges« um ihn scharen. Doch da hatte ja sogar schon Napoleon falsch gelegen, dessen Herrschaft auch nicht im entferntesten einen solch weit verbreiteten, wütenden Haß erregt hatte wie die Hitlers. Diese Träume Hitlers läßt Europa im übrigen schon von Norwegen bis Griechenland platzen.

Der dritte Aspekt in Hitlers Kalkül aber kann sich als entscheidend erweisen – entscheidend gegen ihn. Offensichtlich meint er nämlich, daß er im Falle einer russischen Invasion zumindest so etwas wie einen echten Volkskrieg in Deutschland entfesseln kann – was ihm bei einer britisch-amerikanischen Invasion gewiß nicht gelingen würde. Denn die Masse des deutschen Volkes unterscheidet zwischen dem Krieg an der Ost- und der Westfront. Der einfache deutsche Soldat und Zivilist fürchten sich vor den Russen weit mehr als vor den Briten und Amerikanern. Mit einer britisch-amerikanischen Besatzung würden sich praktisch alle Deutschen abfinden, viele würden sie sogar begrüßen. Einer russischen Invasion sieht man dagegen mit blankem Entsetzen entgegen. Dieses Entsetzen hofft Hitler wahrscheinlich noch für letzte verzweifelte Widerstandsversuche zu mobilisieren.

Genau an dem Punkt können seine Überlegungen leicht nach hinten losgehen. Eine russische Invasion wäre in gewissem Sinne sein Werk, denn wegen Deutschlands besonderer geographischer Lage haben seine Kriegsherren eigentlich immer die Wahl, ihre Hauptschlacht entweder im Westen oder im Osten zu schlagen. Wenn Hitler nun ganz bewußt eine russische einer britisch-amerikanischen Invasion vorzieht, stellt er sich zum ersten Mal gegen den einstimmigen Willen des deutschen Volkes – nicht nur gegen den einer zersplitterten, machtlosen politischen Opposition, sondern buchstäblich gegen den der gesamten Nation. Gewiß, eine Niederlage im Osten oder im Westen – die letzte traurige Wahl, die Deutschland fast bis zur letzten Stunde bleibt – ist für Hitler persönlich und seine unmittelbaren Gefolgsleute irrelevant. Sie haben ihr Leben ohnehin verwirkt. Für die siebzig Millionen Deutschen aber ist es durchaus wichtig – vor allem für die Männer, die in den deutschen Armeen im Westen und

Süden letztendlich dafür kämpfen sollen, daß ihre Familien unter die Herrschaft des NKWD und nicht die einer Alliierten Militärregierung kommen. Hier treibt Hitler ein gewagtes Spiel. Wenn er seine Karten auf den Tisch legen muß, und das wird er, hat er schneller ausgespielt, als er gedacht hat.

* Gustav-Linie: Verteidigungslinie zwischen Monte Cassino und Ortona gegen die im September 1943 in Salerno gelandeten amerikanischen Truppen.

* NKWD: sowjetischer Geheimdienst

Churchills Erklärung, daß er und Stalin sich darauf verständigt haben, daß Polen von Deutschland Wiedergutmachung erhalten müsse, und zwar in Form deutschen Territoriums sowohl im Norden als auch im Westen, wirft ernste Probleme auf. Denn der Verlauf der künftigen deutschen Ostgrenzen kann selbstverständlich nicht von der Gesamtfrage eines Friedensvertrages mit Deutschland getrennt werden.

Außerdem droht die Gefahr, daß ein zukünftiges Friedensabkommen wie beim letzten Mal durch geheime, zu hastig unter dem Druck des Krieges getroffene Teilvereinbarungen beeinträchtigt und damit als ganzes gefährdet wird. Sicher wäre es am besten, wenn alle Territorialfragen bis zum Ende der Feindseligkeiten offengehalten und in den umstrittenen Gebieten bis dahin alliierte Übergangsverwaltungen für Ordnung und annehmbare Lebensbedingungen sorgen würden. Da die deutschen Ostgrenzen nun aber leider vorzeitig zum Gegenstand internationaler Diskussionen geworden sind, ist es unerläßlich, sich erstens die Fakten und zweitens die möglichen Folgen der vorgeschlagenen Maßnahmen vor Augen zu halten.

Im Gegensatz zur polnisch-russischen Grenze, die das Ergebnis jeweils wechselnden Kriegsglücks war, wurde die polnisch-deutsche Grenze in den Jahren 1919 bis 1921 sehr sorgfältig gezogen. Wo die nationalen Zugehörigkeiten strittig waren, wurden unter gemeinsamer Kontrolle der Alliierten Volksentscheide durchgeführt, und wo sich dabei große Minderheiten ergaben, wurden Gebiete geteilt. Das Resultat war eine Grenze, die so gerecht wie möglich war und nationale Minderheiten in Polen und Deutschland auf ein Minimum reduzierte. Infolgedessen besteht heute wohl kaum Aussicht, daß betroffene Bevölkerungsgruppen in einer freien Entscheidung akzeptieren würden, daß deutsches Vorkriegsterritorium an Polen ginge oder umgekehrt polnisches an Deutschland. Andererseits ist es, wie Anthony Eden betont, eine Tatsache, daß Hitler seit 1939 durch Gewalt und Verbrechen viele Polen aus Westpolen verdrängt hat. Das darf natürlich nicht zu Deutschlands Gunsten ausgelegt, sondern muß wiedergutgemacht werden. Auf deutscher Seite hat sich hingegen seit 1920 nichts geändert, als Volksentscheide in den beiden am wenigsten deutschstämmigen Gebieten in Ostpreußen ein Ergebnis von 92 Prozent und 98 Prozent für Deutschland erbrachten.

Wenn daher Teile Ostpreußens, Pommerns und Schlesiens Polen zugeschlagen würden, bedeutet das zwangsläufig eins von zwei Dingen: Entweder bürdet sich Polen eine Irredenta von mehreren Millionen auf, die in Polens Westgebieten leben und vollkommen deutsch in Sprache, Kultur, Tradition und Nationalgefühl wären, oder diese Millionen müßten aus ihrer Heimat vertrieben und als Flüchtlinge oder Vertriebene nach Deutschland abgeschoben werden. Betrachten wir die beiden Möglichkeiten der Reihe nach. Die Zahlen der betroffenen Bevölkerungsgruppen betragen in

Ostpreußen	2.229.000
Danzig	385.000
Westpreußen	327.000
Oberschlesien (deutscher Teil)	1.299.000
Niederschlesien	2.988.000
	7.228.000

Ostpommern, von dem auch verschiedene Teile als potentielle Wiedergutmachungsmasse für Polen genannt worden sind, ist hier nicht einbegriffen. Die vorgeschlagenen Umsiedlungen können zwischen knapp drei Millionen und mehr als acht Millionen Menschen betreffen. Die Aufnahme von drei bis acht Millionen Deutschen würde ein gravierendes Handikap für Polens innere Stabilität und außenpolitische Unabhängigkeit darstellen. Die Ostpreußen, Pommern und Schlesier würden eine nicht zu assimilierende Bevölkerungsgruppe bilden, die nur auf die Wiedervereinigung mit ihren deutschen Landsleuten wartet beziehungsweise immer darauf hinarbeitet. Und der geschwächte polnische Staat wäre außenpolitisch vollkommen auf die russische Unterstützung gegen die beständigen deutschen Ansprüche angewiesen; um so mehr, als die öffentliche Meinung im Westen sie vermutlich bald, nachdem sich die Kriegsleidenschaften abgekühlt haben, als berechtigt ansehen würde. Sollte Rußland jemals gute Beziehungen mit einem neuen Deutschland wünschen, würde es Polen in dieser Sache bald nicht weiter unterstützen. Es ist ohnehin seit Jahrhunderten Tradition, daß Rußland und Deutschland ihre Streitigkeiten, wann immer sie wollen, auf Kosten Polens regeln. Ostpreußen, Schlesien und Pommern wären unter diesen Bedingungen ein trojanisches Pferd für Polen – und eine chronisch eiternde Wunde im europäischen Friedensprozeß.

Was, wenn Polen (oder im Falle Königsbergs: Rußland) nur die leeren Gebiete bekäme und die Bewohner vertrieben würden?

Dazu ist zunächst einmal festzuhalten, daß bisher noch immer erzwungene Umsetzungen großer Bevölkerungsgruppen in Massenmassaker ausgeartet sind. Sowohl die Massaker an den Armeniern als auch an den Juden begannen als gewaltsame Umsetzung von Völkern. Der türkisch-griechische Austausch von Bevölkerungsgruppen in den zwanziger und dreißiger Jahren kann nicht als Beweis des Gegenteils betrachtet werden, denn es war ein echter Austausch und kein einseitiges Verschieben von Menschen. Trotzdem hat ja auch dieser türkisch-griechische Austausch gezeigt, was für ein entsetzliches Elend selbst bei einem ordnungsgemäßen, international überwachten Austausch verhältnismäßig weniger Menschen entsteht.

Zweitens hat sich auch noch nie eine gewaltsame Umsiedlung von Bevölkerungsgruppen – selbst wenn sie von Massakern beschleunigt wurde – als erfolgreich erwiesen. Das Leben ist nicht unterzukriegen. Enver konnte noch so gnadenlos vorgehen, ihre Armenier ist die Türkei nicht los, und es scheint auch nun so, als könnte Hitler noch so bestialisch wüten, er wird die europäischen Juden nicht ausrotten. Seine Umsiedlungsversuche besonders in Polen und Rußland mußten, noch kaum zur Hälfte durchgeführt, aufgegeben werden, und brachten auch nichts als noch mehr Chaos und Haß hervor.

Doch angenommen, die Deutschen würden abgeschoben und sogar gegen alle Wahrscheinlichkeit erfolgreich abgeschoben. Was hätte man erreicht? Aller Voraussicht nach nur, daß das Problem Deutschland gar nicht mehr zu bewältigen wäre. Wenn drei bis acht, und falls die Sudetendeutschen noch dazukämen: sechs bis elf Millionen notleidender Menschen in das kriegsverheerte Deutschland abgeschoben würden, könnte keine deutsche und keine alliierte Militärregierung damit fertig werden, beim besten Willen nicht. Und da das Leben nicht unterzukriegen ist, würden sich diese Millionen auch nicht einfach hinlegen und sterben. Schweizer Zeitungen sprechen in diesem Zusammenhang bereits von einer »neuen Völkerwanderung« und malen das Bild eines Deutschland, durch das, wie zu Zeiten der letzten weströmischen Kaiser, rastlos Menschenmassen ziehen, sich, unbehaust und unkontrollierbar, vorwärtsschieben und drängeln und bis vor die Tore des Westens stoßen. Niemand kann diese Befürchtungen als gänzlich aus der Luft gegriffen abtun.

Angesichts solcher Konsequenzen erscheint die Frage der »Wiedergutmachung« für Polen in Form deutscher Gebiete ein ganzes Stück komplizierter, als viele Leute meinen. Wenn, wie Churchill in seiner Rede anklingen ließ, eine Reihe territorialer Veränderungen mit den dazugehörigen Massenvertreibungen schon beschlossene Sache sind und sich schon Menschenschübe Richtung Westen bewegen, sollten wir uns die damit verbundenen Probleme und Gefahren vor Augen halten und schleunigst Vorbereitungen treffen, damit wir sozialen Unruhen vorbeugen und die Situation nicht außer Kontrolle gerät.

* Enver Pascha: Unter Enver Pascha als türkischem Kriegsminister begannen 1915 im türkisch besetzten Teil Armeniens Massenmorde an der armenischen Bevölkerung (man schätzt die Zahl der Opfer auf eine Million).

Albert Speer
Herrscher über die Nazi-Industrie

9. April 1944

Kaum waren die Nazis in Deutschland an der Regierung, begannen sie fieberhaft zu bauen. In den ersten Jahren gab es eine Hierarchie der Staatsbaumeister. Als erstes kam der tüchtige Ingenieur Dr. Todt, der verantwortlich war für die Infrastruktur, den Bau von Straßen, Flughäfen, Rüstungsfabriken, Festungsanlagen. Dann sah man es als Aufgabe an, »der Größe unserer Zeit ewigen Ausdruck in Beton und Marmor zu verleihen«, was gigantische Phantasiebauten bedeutete, und die waren Sache von Ludwig Troost, einem alten Parteimitglied. Auf unterster Ebene gab es schließlich den Posten des Meisterdekorateurs – der für die Errichtung flexibler Kulissen für Aufmärsche und Volksfeste, die Sperrholz-, Segeltuch- und Sägemehl-Architektur, zuständig war, die immer wieder flüchtige Illusionen billiger Pracht für die Massen bieten sollte.

Speer war ein typischer Repräsentant der Zehntausenden junger Deutscher, die Ende der zwanziger Jahre ihr Studium abschlossen, nichts als Arbeitslosigkeit vor sich sahen und nach ein paar trostlosen Jahren den Nazis beitraten, weil sie ihren Lebensunterhalt verdienen mußten. Geboren 1905 in Mannheim, bürgerlicher Herkunft, studierte er nach Abschluß der Oberrealschule an den Technischen Hochschulen Karlsruhe, München und Berlin. Als er nach dem Diplom 1928 nur geringe Chancen auf einen vernünftigen Arbeitsplatz sah, verdingte er sich zunächst als Assistent bei einem seiner Professoren (der ihn »begabt, anstellig, aber ziemlich eitel« fand), später ließ er sich dann als freier Architekt nieder. Die Aussichten blieben trübe.

Doch 1932 kam seine Chance. Die Nationalsozialisten suchten einen Architekten, der das Haus, das sie als Hauptquartier der Partei in Berlin gemietet hatten, umbaute. Das mußte natürlich ein Parteimitglied sein. Der junge Speer zögerte nicht. Der Umbau wurde ein voller Erfolg. Im folgenden Jahr bot man ihm an, das Tempelhofer Feld für die Erste-Mai-Feier zu dekorieren. Da waren die Nazis schon die Herren von Deutschland. Und von nun an gab es reichlich Arbeit ... Speers Dekorationen fanden den Beifall seiner Auftraggeber. Bald war er Deutschlands Staatsdekorateur Nummer Eins.

*

Das Glück blieb ihm treu. 1934 starb »des Führers Architekt« Troost plötzlich und unerwartet. Speer, dieser »bescheidene, anstellige, aber unternehmungslustige junge Mann« wurde zum Nachfolger erkoren und hatte nun die Gelegenheit, von der Größe seiner Zeit in Beton und Marmor Zeugnis abzulegen! Dazu mußte er nur eines tun: Er mußte seinen Stil Hitlers Geschmack anpassen. Was ihm perfekt gelang. Er bekam Unter den Linden ein Büro, zu dem sich der Führer prompt einen Durchgang von der Reichskanzlei anlegen ließ, um in seinen Mußestunden, bewaffnet mit Bleistift und Radiergummi, dorthin zu eilen und den tausendjährigen Bauten auf Speers Skizzen mit seiner künstlerischen Intuition den letzten Schliff zu geben. Die Partnerschaft Hitler-Speer brachte bald eine Schwemme öffentlicher Gebäude hervor, alle einander merkwürdig ähnlich: gigantisch in den Ausmaßen, rechteckig in der Form, Säulen vorn und Adler oben drauf. So entstanden die Parteizentralen in Nürnberg und München, der Deutsche Pavillon auf der Weltausstellung in Paris, die neue (in Weltrekordzeit errichtete) Reichskanzlei und vieles mehr.

Als Hitler 1937 das bloße Häuserbauen langweilig wurde und er die Neugestaltung ganzer Städte in Angriff nahm, wurde Speer sein Generalbauinspekteur für die Reichshauptstadt Berlin. Etwa ein Jahr später begann man mit dem groß angelegten Abriß des alten Berlin. Unzählige Photographien in den deutschen Zeitungen zeigten den Führer und seinen Architekten, Arm in Arm neue Modelle rechteckiger Bauten, mit Säulen vorn und Adlern oben drauf, bewundernd.

*

Dann war Krieg. Eine Zeitlang hörte man wenig von Speer. Sein glattes, lächelndes junges Gesicht verschwand aus den Illustrierten. Die deutsche Öffentlichkeit erinnerte sich nur vage an ihn als den Liebling des Führers in Friedenszeiten. Urplötzlich, aus heiterem Himmel, in der entscheidenden Phase des Krieges, kam dann sein phantastischer Aufstieg. Am 7. Februar 1942 starb jäh und unter mysteriösen Umständen Todt, der Chef der deutschen Rüstungsproduktion. Zur allgemeinen Überraschung wurde weder Göring noch ein Experte aus der Wehrmacht sein Nachfolger, sondern dieser halb vergessene Dekorateur, und zwar mit einem Schlag Reichsminister für Bewaffnung und Munition; Generalinspekteur für das Straßenwesen, Generalinspekteur für Wasser und Energie und Chef der Organisation Todt, Deutschlands großer Armee von Arbeitskräften.

*

Doch das war erst der Anfang. In den nächsten achtzehn Monaten erlangte Speer Schritt für Schritt die umfassendste ökonomische und administrative Macht, die je in einer Hand versammelt war. Zuerst wurde er in Görings Vierjahresplan Generalbevollmächtigter für Rüstung. Dann wurde das Rüstungsamt des Oberkommandos der Wehrmacht in sein, Speers, Ministerium verlagert. Im Juni 1942 wurde er mit dem Wiederaufbau der Industrie im besetzten Rußland betraut und bekam als nächstes im Laufe des Jahres 1943 den Oberbefehl über das gesamte deutsche Transportwesen zu Wasser und zu Lande. Im August desselben Jahres schuf er den »Ruhrstab Speer«, um die Industrieproduktion im von Luftangriffen zerstörten Ruhrgebiet wiederanzukurbeln und aufrechtzuerhalten. Bald danach wurde er Hitlers Generalinspekteur für die »Planung des Wiederaufbaus bombardierter Städte«. Und im letzten Oktober wurde schließlich die gesamte Industrieproduktion Deutschlands – nicht nur die Kriegsproduktion im engeren Sinne – aus dem Wirtschaftsministerium genommen und Speer unterstellt.

Die Liste seiner Ämter nimmt kein Ende. Er ist nun wahrhaftig Diktator und oberster Gebieter über alle im weitesten Sinne industriellen, Bau- und Transportaktivitäten in sämtlichen von Deutschen beherrschten Gebieten.

Mit welchem Erfolg er diese gigantische Aufgabe erfüllt, ist im Augenblick schwer zu sagen. Bemerkenswert ist auf jeden Fall die rapide Zunahme von Machtkonzentration in einer Hand – und vielleicht noch bemerkenswerter, daß es jemand vom Typ Speer ist, der in Deutschlands kritischster Zeit auf den Plan tritt und die entscheidenden Kriegsanstrengungen leitet. In gewisser Hinsicht ist Speer für Deutschland heute wichtiger als Hitler, Himmler, Göring, Goebbels oder auch die Generäle; sie sind im Grunde alle bloß noch Helfershelfer des Mannes, der den riesigen Machtapparat dirigiert – mit dem Auftrag, die größtmögliche Leistung unter größtem Druck zu erzielen. Dieser wesenlose kleine, glattgesichtige Techniker der Macht, immer noch keine vierzig, ist das typische Produkt der neuen Mittelschicht; man beginnt als vielseitig verwendbarer, »anstelliger, aber ziemlich eitler« Dekorateur und Mode-Architekt und wird zum Prototypen des »Aufstiegs der Angestellten«.

*

Speer gehört nicht zu den glamourösen, originellen Nazis. Ob er außer den gängigen politischen Ansichten welche hat, ist unbekannt. Vielleicht wäre er jeder anderen Partei beigetreten, die ihm Arbeit und Karriere versprochen hätte. Er ist der erfolgreiche Durchschnittsmann, gut gekleidet, höflich, unbestechlich, und führt mit Gattin und sechs Kindern ein betont bürgerliches Leben. Längst nicht so wie die anderen deutschen Machthaber steht er für etwas besonders Deutsches oder besonders Nationalsozialistisches. Er verkörpert vielmehr einen Typus, der in allen kriegführenden Ländern zunehmend wichtig wird: den reinen Techniker der Macht, den klassenlosen, intelligenten jungen Mann ohne großartige Herkunft, der ursprünglich kein anderes Ziel, als im Leben voranzukommen, und keine anderen Mittel als seine technischen und administrativen Fähigkeiten hat. Gerade wegen des Mangels an psychologischem und intellektuellem Ballast und der Leichtigkeit, mit der diese unauffälligen Typen die entsetzliche technische und organisatorische Maschinerie unserer Zeit handhaben, bringen sie es heutzutage extrem weit. Das Schicksal aller dieser jungen Männer wird am besten dadurch beschrieben, daß sie es erst schwer finden, sich ihren Lebensunterhalt zu verdienen, und dann sehr leicht, die Welt zu regieren. Das ist ihr Zeitalter; die Hitlers und Himmlers werden wir vielleicht los, doch diese besondere Spezies der Speers wird uns, in welcher Gestalt auch immer, noch lange erhalten bleiben.

Kürzlich erklärte der Premierminister, »je länger dieser Krieg dauere, desto weniger ideologisch sei er seinem Wesen nach«. Darin steckt eine gewisse Wahrheit, besonders, was die Politik der großen kriegführenden Mächte betrifft. Man könnte freilich genauso gut sagen, daß dieser Krieg im Laufe der Zeit weniger national geworden ist.

In der ersten Schlacht um Frankreich 1940 kämpften ausschließlich französische, britische und deutsche Soldaten. Die Armee, mit der wir es nun in der zweiten Schlacht um Frankreich zu tun haben, ist deutsch nur noch mit Einschränkungen. Ihre Oberbefehlshaber und ihre Loyalität sind gewiß deutsch, doch die Mannschaften in beträchtlichem Ausmaß international – so international wie die siegreichen Armeen der Alliierten in Italien oder etwa Marschall Titos Internationale Brigaden und die Balkantruppen der Nazis, die sich verbissen endlose Kämpfe liefern.

Unter den Männern, die wir bisher in der Normandie gefangengenommen haben, sind zahlreiche Russen, Polen, Tschechen und Kroaten ebenso wie vereinzelte Franzosen, Spanier und sogar Türken. Bekannt ist, daß es in den deutschen Truppen auch skandinavische SS-Einheiten und sogar Inder gibt, obwohl man in den Kampfhandlungen selbst noch nicht auf sie gestoßen ist. Insgesamt wird der Anteil von Ausländern in der deutschen Armee im Westen heute auf fünfzehn bis zwanzig Prozent geschätzt. Viele – besonders Kosaken und sowjetische Asiaten – kämpfen in eigenen Verbänden mit oder ohne deutsche Offiziere.

Viele dieser fremden Legionäre sind natürlich als Kriegsgefangene in deutsche Hände gefallen und gewaltsam zum Waffendienst gepreßt worden. Es wird jedoch berichtet, daß diese Einheiten zuweilen mit einer Verbissenheit, ja, auch Geschicklichkeit kämpfen, die der der deutschen Truppen kaum nachsteht. Ein Phänomen, das man nicht einfach ignorieren darf, sondern erklären muß.

Das ist zum Teil sogar simpel. Es liegt in der nicht zu leugnenden Tatsache begründet, daß der Krieg zwar für die Kabinette der kriegführenden Mächte seinen ideologischen Charakter verloren haben mag, für die Millionen kämpfender und arbeitender Massen der einzelnen Länder aber nicht. Die großen ideologischen Fragen, die Europa während des Spanischen Bürgerkriegs in zwei Lager gespalten haben, bestehen immer noch. Sie bestimmen weiterhin die Entscheidungen und das Handeln vieler Hunderttausender, wenn nicht Millionen von Menschen, unabhängig von der offiziellen Politik ihrer jeweiligen Staaten. Und da diese Menschen dabei oft in heftigen Konflikt mit ihrer rechtmäßigen oder tatsächlichen Regierung geraten, agieren sie um so leidenschaftlicher und verzweifelter.

Im heutigen Krieg zwischen den Alliierten und den Achsenmächten werden die ideologischen Kriege zwischen Demokratie und Diktatur, zwischen Kapitalismus und Sozialismus beziehungsweise den Ideen von 1789 und 1933 – die Fragen sind miteinander vermischt und in sich verheddert – weitergeführt. Und zwar deshalb mit solch rücksichtslosem Fanatismus und glühender Leidenschaft, weil sie natürlich nicht erkannt und artikuliert werden. Das ist aber, wie gesagt, nur Teil der Erklärung für das wachsende Durcheinander von Nationalitäten in Hitlers Armee und für den Einsatz, mit dem sie für eine fremde Sache kämpfen. Es erklärt den Fanatismus der ausländischen Freiwilligen in der Waffen-SS, nicht aber die Kampfbereitschaft der gepreßten Soldaten – das Kanonenfutter, das man in Kriegsgefangenenlagern oder unter den rechtlosen Arbeitssklaven aufgesammelt hat. Eigentlich sollte man ja erwarten, daß diese »umgedrehten« Kriegsgefangenen als trojanische Pferde im deutschen Heer agieren würden, daß sie zumindest nur formal kämpfen und die erstbeste Gelegenheit zu Fahnenflucht und Kapitulation nutzen würden.

Doch damit läßt man ihre tragische, im Grunde hoffnungslose Lage außer acht. Diese Männer sind gewiß Opfer der Umstände; sie haben keine bewußte politische Entscheidung getroffen wie ein französischer Maquisard oder ein kroatischer Partisan oder auch ein holländischer, norwegischer oder russischer Nazi. Da sie sich aber der Gewalt gebeugt haben, sind sie nun genauso von ihrem Land und ihren rechtmäßigen Regierungen getrennt; sie haben, wie unfreiwillig auch immer, die Brücken hinter sich abgebrochen – oder empfinden es zumindest so. Wenn ein Kroate oder ein Russe erst einmal in der deutschen Uniform steckt, kann er der Aussicht, in Kriegsgefangenschaft zu geraten, nicht mit dem Gleichmut seiner deutschen Kameraden entgegenblicken. Er hat den Boden unter den Füßen verloren. Die deutsche Armee, in der er dient, ist das einzige Treibholz, an das er sich in einem Meer von Zweifeln und Gefahr klammern kann. Vielleicht entwickeln diese Unglücklichen ja eine ähnliche Mentalität wie die Söldner im Dreißigjährigen Krieg, für die das Feldlager die einzige Heimat war. Diese Männer wußten zwar kaum, für welche Sache oder welches Land sie kämpften, doch sie schlugen sich mit dem Mute der Verzweiflung.

Das Beispiel der ausländischen Verbände in der deutschen Armee gibt uns im übrigen einen Vorgeschmack auf die Folgen des tragischen Auseinanderbrechens so vieler europäischer Staaten. Millionen von Europäern sind nicht nur physisch von ihrem Heimatboden vertrieben worden. Auch die politischen und nationalen Bande und Loyalitäten haben sich gelockert, geistige Grenzen wurden überschritten, hinter die man nur schwer wieder zurückgehen kann. Werden die alten Nationen, wie wir sie gekannt haben, nach all dem Chaos noch einmal zu sich finden? Das ist ein riesiges Problem, und die Lösung ist noch lange nicht in Sicht.

Der Versuch der Nazis, die Niederlage zu unterlaufen

9. Juli 1944

An allen Fronten häufen sich die militärischen Niederlagen der Deutschen, der Krieg nähert sich dem Territorium des Reiches selbst, und es ist absehbar, daß Deutschlands materielle Ressourcen zur Fortführung der Kampfhandlungen bald erschöpft sind. Nun können wir die Theorien und Vermutungen der letzten fünf Jahre, wie das Land auf die Niederlage reagieren wird, an der Realität überprüfen. Gut zu bestehen scheinen sie den Test nicht. Was geschieht wirklich?

Zunächst einmal ist sonnenklar, daß die militärische Niederlage wohl kaum – wie in Italien – einen Aufstand von bisher im Untergrund agierenden Widerstandsgruppen auslöst. Sicher, unter den arbeitenden Massen herrschen Kriegsmüdigkeit und Unzufriedenheit, doch es gibt nicht das geringste Anzeichen dafür, daß die »Linke« sich rührt.

Hitler hat sie offenbar erfolgreicher vernichtet als Mussolini. Irgendwann können vielleicht eine deutsche Arbeiterbewegung und eventuell sogar der deutsche Liberalismus wieder ins Leben gerufen werden, in welcher Form auch immer; doch im Moment sind diese Kräfte unfähig zur revolutionären Aktion.

Wie steht es mit der anderen These, daß in dem Moment, in dem die Niederlage unvermeidlich wird, die »alten Mächte« – die Junker, Industriellen und Generäle – das Kommando übernehmen, um zu retten, was zu retten ist vor dem endgültigen Ruin, und »Verständigung zu suchen«?

Augenscheinlich sind auch die »alten Mächte« nicht auf eine solche Aktion erpicht und vermutlich noch weniger darauf vorbereitet. Ihr wichtigster Mann, Generalfeldmarschall von Rundstedt, hat sich eben erst sein Kommando wegnehmen lassen. Seit drei Jahren geht es ohnehin mit der unabhängigen Macht des Generalstabs stetig bergab. Die großen Konzerne sind immer stärker mit der Nazi-Hierarchie verquickt; die Armee ist zunehmend infiltriert von Hitlers eingeschworenen Anhängern aus der Waffen-SS.

In einem Satz: Allem Anschein nach ist in der Stunde der nahenden deutschen Niederlage die nationalsozialistische Bewegung immer noch die einzige unangefochtene politische Kraft in Deutschland. Hitler scheint so fest im Sattel zu sitzen wie eh und je, und seine Politik besteht keineswegs darin, Verständigung zu suchen und sich für den nächsten Krieg zu schonen. Er will den gegenwärtigen Krieg bis zum Ende und, wenn möglich, mit anderen Mitteln über sein Ende hinaus führen.

In den letzten Monaten zielten nämlich Hitlers Entscheidungen allesamt darauf ab, Deutschland jeden möglichen Ausweg zu verbauen und Goebbels' ständig wiederholte Behauptung, »Deutschland habe alle Brücken hinter sich abgebrochen«, zu bestätigen. Die Konzentration der Kräfte im Westen, die Schwächung der Abwehr gegen die gefürchteten Russen, das Verbrechen von Görlitz; die neuerliche, verstärkte Massenvernichtung von Juden; die Zwangsmaßnahmen gegen die Regierungen Ungarns und Finnlands; die sinnlose Bombardierung Londons in letzter Minute; die brutalen Einsätze gegen jugoslawische und französische Patrioten – alles deutet in dieselbe Richtung. Außerdem wird aus zuverlässiger Quelle behauptet, daß ausgewählte SS-Männer und Hitlerjungen schon eine Spezialausbildung für den Partisanenkrieg erhalten und umfangreiche Vorbereitungen für eine Nazi-Widerstandsbewegung nach der militärischen Niederlage laufen.

Hitlers Vision ist deutlich erkennbar: ein Deutschland kopflos und ohne Führung, von panischer Furcht getrieben, im Chaos versunken – und in diesem Chaos die Besatzungstruppen der Alliierten, nach dem langen Kampf vor gravierende Probleme gestellt. Im Untergrund, schwer greifbar, doch geeint durch eiserne Disziplin und ein festes Ziel – die unvermeidbare Niederlage zu unterlaufen –, der alte Apparat der Nazi-Tyrannei, nun eine illegale Terroristenbewegung, die die eingeschüchterte Bevölkerung gnadenlos beherrscht und den Besatzungstruppen das Leben zur Hölle macht.

So soll es laufen, und Hitler setzt alles daran, eine deutsche Kapitulationsregierung zu verhindern. Wenn er Erfolg hat und nicht die Alliierten, zerstört er schon allein mit diesem Schritt, und diesmal vermutlich endgültig, das Werk Bismarcks: die Existenz eines vereinigten Deutschland in der Mitte Europas.

Die Zerstückelung Deutschlands gehört nicht zu den Punkten, auf die sich die Großen Drei in Teheran und danach verständigten. Deutschland soll in seiner Gesamtheit militärisch besetzt werden, und zwar in drei Zonen, einer russischen, einer amerikanischen, einer britischen. Im Osten wird es Gebietsabtrennungen geben. Doch der Hauptteil Deutschlands kann nach den Vereinbarungen der Alliierten weiter als politische Einheit mit einer einzigen Regierung bestehen bleiben. »Wir haben nicht die Absicht«, erklärte Churchill, »Deutschland aus dem Kreis der Nationen Europas herauszureißen.«

Diese Planung geht aber davon aus, daß Deutschland in der Lage ist, sich eine Zentralregierung zu geben, die nichts mehr mit den Nazis zu tun hat. Das zu verhindern, ist Hitler natürlich fest entschlossen. Wenn er Erfolg hat, wenn die vorrückenden alliierten Truppen niemanden finden, der Macht und Verantwortung übernehmen kann, wenn sie nur auf die schrumpfende Herrschaft Hitlers, der Nazi-Partei und der Gestapo stoßen, die sie ja gerade vernichten wollen, dann ist klar, daß sie für Deutschland nicht das tun können, was Deutschland nicht für sich selbst tun kann oder will.

Was dann? Jede Besatzungsarmee ist gezwungen, mit den Kräften, die sie vor Ort findet, zu kooperieren. Diese Kräfte wären überall sehr unterschiedlich. Gut möglich, daß sich die »verschiedenen Deutschlands« wieder zu Wort melden würden. Doch die Bayern, Sachsen, Rheinländer und Hanseaten waren ja trotz ihrer Partikularinteressen zu schwach, sich der Gleichschaltung zu erwehren, und wären womöglich auch in der totalen Niederlage nicht stark genug, sich einer zentralen Autorität, wenn es sie denn gäbe, zu widersetzen. In Ermangelung einer solchen würden sie aber mit großer Sicherheit wieder aufleben und das entstandene Vakuum in ihren Regionen ausfüllen wollen.

Das, wir wiederholen es, ist nicht im Sinne der Alliierten. Selbst jetzt noch würden sie gewiß lieber, darin auch einmütig, mit Deutschland als ganzem verhandeln. Doch wenn Hitler seine gegenwärtige Politik des Kämpfens bis zum letzten Mann durchzieht, wird die Einheit Deutschlands, die im letzten Dreivierteljahrhundert für das Schicksal Europas eine entscheidende Rolle gespielt hat, verloren gehen. Das nächste Kapitel wäre neu für Europa, erst recht für die Deutschen.

* Verbrechen von Görlitz: Im März 1944 wurden nach einem gescheiterten Fluchtversuch aus dem Kriegsgefangenenlager Sagan in der Nähe von Görlitz 50 britische Offiziere erschossen.

* Ungarn, mit den Achsenmächten verbündet, wurde im Mai 1944 von deutschen Truppen besetzt, um den Kampf gegen die Sowjetunion zu verstärken.

* Finnland wurde im Juni 1944 von Deutschland unter Druck gesetzt, keinen Separatfrieden mit der Sowjetunion zu schließen.

Deutschland in der Stunde der Verzweiflung

10. September 1944

Gegenwärtig gibt es in Deutschland viele Ungewißheiten, aber eine unabänderliche Tatsache: Hitler und Himmler sind entschlossen, an der Macht festzuhalten und um keinen Preis zu kapitulieren.

Das kann man nicht oft genug wiederholen, denn die britische Öffentlichkeit, beherrscht von der Erinnerung an 1918, weigert sich aus irgendeinem Grunde, es trotz aller gegenteiligen Beweise zur Kenntnis zu nehmen. Die Leute können von der Vorstellung nicht ablassen, daß das Nazi-Regime im Augenblick der Niederlage wie das des Kaisers einbrechen wird, daß sich seine Führer wie damals Ludendorff und der Kaiser ins Ausland absetzen und »unbelastete« Figuren vorgeschoben werden, die Schuld und Sühne der deutschen Niederlage auf sich nehmen müssen. Kaum eine britische Zeitung versäumt es, uns ernsthaft davor zu warnen, daß wir uns noch einmal täuschen lassen. Dabei scheint allen zu entgehen, daß wir diesmal gar nicht vor der Situation stehen wie 1918, denn die Politik der Nazis 1944 ist das genaue Gegenteil der Politik Ludendorffs und des Kaisers.

Weit entfernt davon abzutreten, intensivieren sie ihren Terror in jeder Hinsicht und herrschen immer unerbittlicher über das deutsche Volk. Und weit entfernt davon, daß eine Erhebung gegen das Regime Gestalt annimmt, ist es die Nazi-Revolution selbst, die nun einen letzten Schritt weiter getrieben wird.

Wie die derzeitige neue »Totalmobilmachung« im einzelnen aussieht, ist bekannt: Wieder werden die Fabriken durchkämmt und dort Arbeitende eingezogen, Sechzehnjährige für die Wehrmacht, Frauen und Greise für die Rüstungsindustrie verpflichtet, alle Theater und Konzerthäuser geschlossen. Viele Zeitungen und Illustrierten erscheinen nicht mehr; die Zivilbevölkerung muß zwangsweise Schießübungen absolvieren; ohne Vorankündigung werden sämtliche Bewohner der Grenzgebiete zur Arbeit an den Verteidigungsanlagen befohlen.

Ob alle diese rigorosen Maßnahmen militärisch sinnvoll sind, darf mehr als bezweifelt werden. General Eisenhowers Armeen wird man nicht stoppen. Doch in der nun in Deutschland herrschenden Untergangsstimmung stärken sie sicherlich die politische Macht der mit der Durchführung betrauten Nazi-Partei über die deutsche Bevölkerung insgesamt. Und das mag sehr wohl der eigentliche Zweck sein. Görings Blatt, die Essener »Nationalzeitung«, ist in dieser Hinsicht sensationell freimütig:

»In den letzten Jahren gab es Phasen, während derer nicht nur die Öffentlichkeit, sondern auch die Partei selbst den Eindruck hatte, daß sie im Vergleich mit den staatlichen Behörden und der Befugnis der Militärs, Verordnungen in der Heimat zu erlassen, nur eine sekundäre Rolle spielte. Das hat sich nun grundsätzlich geändert. Die Partei ist faktisch und nicht nur formal wieder der Ausführende des Willens des Volkes und des Staates. Der Ansporn, den die Parteiorganisationen von oben erhalten haben, hat nicht nur den Willen der Partei verstärkt, sich Gehorsam zu verschaffen, und ihr die freudige Zustimmung derer eingebracht, die immer für sie eingetreten sind, sondern gleichzeitig auch für größeren Respekt bei gleichgültigen und heftigerer Furcht bei einigen böswilligen Menschen gesorgt (...) Jede Hausfrau, die ›vergessen‹ hat, sich beim Arbeitsamt registrieren zu lassen, wird vielleicht feststellen, daß man sie plötzlich vor aller Augen zur Arbeit abholt. (...) Die Partei wird nicht zögern, allen Informationen nachzugehen, die ihr von pflichtbewußten Personen hinterbracht werden, selbst wenn man die Leute Denunzianten nennt.«

Deutlicher geht's nicht. Die letzten Reste an Rechtssicherheit und ordnungsgemäßem staatlichem Handeln sind nun aus dem Leben in Deutschland getilgt, und die Partei hat die »legale« Macht, auf Hinweis jedes beliebigen Denunzianten jede Hausfrau aus ihrer Wohnung zu holen. Dies ist die Art direkten, individuellen und allgegenwärtigen Drucks, mit dem die Nazis dem Druck begegnen wollen, der von der drohenden militärischen Niederlage – und vielleicht ja auch schon von der Präsenz alliierter Truppen auf deutschem Boden ausgeht.

Mittlerweile bereiten die Nazis nämlich fleißig ihren Widerstand gegen die Besatzungstruppen vor. Sündermann, der derzeit am häufigsten Goebbels vertritt, gab diese Woche folgende Losung aus: »Kein einziger deutscher Grashalm wird den Feind ernähren; kein deutscher Mund wird ihm Informationen geben, keine deutsche Hand wird ihm helfen; er wird Weg und Steg zerstört finden, jede Straße blockiert; er wird auf nichts als Tod, Zerstörung und Haß stoßen.«

Diese Aussagen sind ernst zu nehmen. Die Nazis wissen aus eigener bitterer Erfahrung, daß die Macht einer Besatzungsarmee keineswegs unbegrenzt ist und daß eine gutorganisierte Widerstandsbewegung unter fremder Besatzung lange erfolgreich arbeiten und den Besatzungsbehörden das Leben schwer machen kann, wenn sie die Unterstützung der einheimischen Bevölkerung besitzt.

Und das ist der springende Punkt. Werden die Nazis die Unterstützung der deutschen Bevölkerung haben? Sie selbst scheinen sich dessen nicht so sicher. Der sensationelle Artikel in der Essener »Nationalzeitung«, aus dem wir zitiert haben, schildert auch die Reaktion der Menschen auf die Verkündigung der neuerlichen Totalmobilmachung. Es grenzt schon an passiven Widerstand: Zwangsverpflichtete Arbeiterinnen gehen mit stillschweigender Einwilligung ihrer Vorarbeiter während der Arbeitszeit baden; andere erledigen ihre Stopf- und Flickarbeiten bei der Arbeit; ein großer »Rüstungsbetrieb« sabotiert die Einberufung seiner Angestellten; Arbeiter in einer Fabrik arbeiten mit Billigung ihrer Leitung »nach Vorschrift« ... Diese Stimmung paßt schlecht zu der offiziellen Entschlossenheit, der »Feind werde auf nichts als Tod, Zerstörung und Haß stoßen«.

Doch die Nazis hoffen offenbar, die Kooperation der müden Massen durch puren Terror zu erzwingen. Geht der Plan auf? Das können erst die nächsten Wochen zeigen. Es besteht kaum ein Zweifel, daß die unter den meisten Deutschen vorherrschende Stimmung nun offen resignativ ist; es herrscht viel Unmut über die jüngsten Nazi-Maßnahmen, die Deutschlands Todeskampf nur verlängern. Aber es gibt noch keine Anzeichen dafür, daß diese Haltung irgendwo konkrete politische Formen annimmt oder in einen aktiven Massenwiderstand gegen die Nazis mündet. Deshalb ist schwer vorherzusagen, was kommt. Defätismus allein, ohne positives Ziel, ist ein zweischneidiges Schwert. Vielleicht begrüßen die Leute die vorrückenden alliierten Truppen ja sogar mit Erleichterung; was sie andererseits nicht daran hindern wird, die im Untergrund operierende Gestapo immer noch mehr zu fürchten als irgendwelche alliierten Behörden, so daß ihr Verhalten weiterhin von Furcht diktiert wird.

Die breite Masse der unpolitischen Deutschen muß eine schicksalhafte Entscheidung treffen. Doch sie scheinen sich kaum bewußt zu sein, daß sie überhaupt etwas zu entscheiden haben. Müde, desillusioniert, zynisch, daran gewöhnt zu leiden, belogen und herumkommandiert zu werden, sind sie jetzt ungeheurem Druck und der Bedrohung von zwei Seiten ausgesetzt. Vorläufig sind sie vollauf damit beschäftigt, beidem zu entkommen. Der einzelne will nur eines: überleben. Wer weiß, was das politisch bedeutet.

* Helmut Sündermann war unter Goebbels für Pressearbeit zuständig.

Hitler: Wahnsinn oder Methode?

19. November 1944

Ob Hitler der Verfasser der vor einer Woche in seinem Namen verlesenen Proklamation ist, sei dahingestellt – von einem Wahnsinnigen stammt sie jedenfalls nicht, sie hat Methode. Und ernst zu nehmen und genauer Lektüre wert, denn sie enthält den Schlüssel zum Verständnis der Politik der Nationalsozialisten jetzt und nach der Niederlage Deutschlands.

Das erste und für viele vielleicht überraschendste Charakteristikum dieser Politik ist der bewußte Verzicht auf Appelle an die Einheit aller Deutschen. Bei einem nationalen Notstand wäre es zwar nur normal, den Ausspruch des Kaisers »Ich kenne keine Parteien mehr, ich kenne nur noch Deutsche« wieder hervorzuholen, und Goebbels hat auch in letzter Zeit manchmal vorsichtig damit gespielt. Da Deutschland harte Strafen drohen, hätte er damit eigentlich sogar Anti-Nazis für die Sache des nationalen Überlebens mobilisieren können.

Doch Hitler hat sich einem solchen Appell rundheraus verweigert. Mehr als zuvor verkündet er den ideologischen Krieg um die reine Lehre des Nationalsozialismus. »Indem ich für den nationalsozialistischen deutschen Volksstaat kämpfe, gebe ich dem größten Ringen in unserer Geschichte den einzig denkbaren moralischen und sittlichen Gehalt.« Ja, er geht noch weiter, er verkündet den endgültigen Vernichtungskrieg gegen alle inneren Gegner und Kritiker. »Die Zeit der Kompromiß- und Reservatnaturen ist endgültig vorüber. (...) Wenn einzelne Subjekte der überwundenen Parteien, Klassen oder sonstiger Splitter in unserem Volk meinen, daß jetzt vielleicht die Zeit einer Wiederauferstehung für sie gekommen sein könnte, dann werden sie nur den Augenblick ihrer völligen Ausrottung erleben.«

Gleichzeitig behauptet Hitler öffentlich, daß die »restlose Aushebung und Beseitigung des gesamten Klüngels« mutmaßlicher Anti-Nazis schon seit Monaten betrieben wird, und seit August sind sich auch alle Berichte aus Deutschland darüber einig, daß eines der größten Blutbäder in der Geschichte des Nationalsozialismus im Gange ist. (Hitler selbst verglich es mit dem vom 30. Juni 1934.) Was geschieht, begreifen wir so recht, wenn wir hören, daß der fast achtzigjährige Noske aus der tiefsten Versenkung gezerrt und exekutiert werden soll; oder daß (am letzten Mittwoch) dreizehn Bürger Kölns öffentlich gehängt worden sind. Das ganze Ausmaß der Mordaktionen wird womöglich nie bekannt.

Doch warum in dieser Stunde der Verzweiflung ein solch willkürlicher, einseitiger Bürgerkrieg? Warum außerdem dieser hektische Versuch, in letzter Minute die ideologische Indoktrination der deutschen Streitkräfte voranzutreiben? Sind diese Maßnahmen nicht eher geeignet, den Widerstand zu schwächen und die Niederlage zu beschleunigen?

Die Gründe werden aus Hitlers Rede deutlich. Hitler glaubt nicht mehr an einen erfolgreichen militärischen Widerstand. (Die V-Waffen erwähnt er nicht einmal.) Augenscheinlich betrachtet er den militärischen Zusammenbruch Deutschlands als unvermeidlich und legt auf Maßnahmen, die ihn nur hinausschieben würden, keinerlei Wert. Er verspricht immer noch den »Endsieg« – aber jeder, der die Rede aufmerksam liest, begreift, daß er einen »Endsieg« nach einer zeitweiligen Niederlage in diesem Krieg meint.

Neunmal kam er auf die vernichtende Niederlage der Nazi-Partei bei dem Putsch von 1923 zurück. Gleich in den ersten Sätzen versprach er den »Endsieg« für diesmal, »so wie damals zehn Jahre später den toten Kameraden mit Recht gesagt werden konnte, daß der Sieg doch ihrer geworden war.« Von diesem Blickwinkel aus konnte er sich dann nur noch auf die Nazi-Partei konzentrieren und Deutschland selbst zumindest vorläufig seinem Schicksal überlassen. Diejenigen, die nun nur noch aus reinem Patriotismus kämpfen, sind ihm nach der Niederlage nicht von Nutzen, denn eben dieser Patriotismus, um dessentwillen sie so lange kämpfen werden, wie sie noch einen Hoffnungsschimmer sehen, wird sie nach der Niederlage veranlassen, eine Verständigung mit den Siegern zu suchen, um von ihrem zerstörten Land zu retten, was zu retten ist. Für seinen »Endsieg« aber braucht Hitler die quasireligiösen Fanatiker, die für ihren Glauben kämpfen und nicht für ihr Land, und es ist der »Endsieg« des Nazi-Glaubens und nicht der des deutschen Volkes, den Hitler verspricht.

»Daß unser nationalsozialistischer Staat heute diese geschichtliche Probe bestehen wird, liegt schon begründet in der bisherigen Haltung der Bewegung. (...) Nach dem 9. November 1923 konnte der Nationalsozialismus endlich als tot angesehen werden. Trotzdem war er wenige Jahre später im entscheidenden Kampf um die Macht gestanden und hat ihn nach nahezu einem Jahrzehnt (...) am Ende erfolgreich gewonnen (...). Und so wie wir es damals erleben konnten, daß allmählich die ganze bürgerlich-demokratische Parteienwelt in sich selbst zerfiel, in ihren Kompromissen verkam und in feigen Verzichten den eigenen Untergang fand, so werden wir heute Zeugen des gleichen Schauspiels im großen sein.«

Hier endlich haben wir das vollständige Nachkriegsprogramm der Nazi-Partei. Die Vorbereitungen auf Partisanenkrieg und »Widerstand«, von denen wir wissen, können wir jetzt richtig einordnen; sie dienen nicht dem letzten Aufbäumen, doch noch eine Wende im Kriegsverlauf herbeizuführen, sondern dem Zweck, die jungen Nazis auf Vordermann zu bringen und dafür zu sorgen, daß sich die Besatzungsarmeen mit der deutschen Bevölkerung herumschlagen müssen. Aber die entscheidende Kriegsanstrengung findet auf der

Ebene der Ideen statt; der Nazi-Glaube, wenn auch verboten, wird aus den Katakomben heraus erneut den Kampf gegen die geschwächten europäischen Traditionen des Christentums und der Demokratie aufnehmen, die er ersetzen will.

Die Niederlage Deutschlands wird also per se noch nicht Schluß mit der NaziGefahr machen. Das ist nun vollkommen klar. Der geistige Kampf für die Bewahrung der westlichen Zivilisation wird auch nach dem Fall der letzten deutschen Stadt noch weitergehen, ja er wird erst dann in seine entscheidende Phase treten.

* Die hier im Originalwortlaut wiedergegebene Proklamation Hitlers wurde am 12. November 1944 von Heinrich Himmler bei einer Kundgebung im Münchner Zirkusgebäude am Marsfeld verlesen.

* Noske wurde bereits zwei Tage nach dem Umsturzversuch vom 20. Juli 1944 verhaftet, aber nicht exekutiert, sondern im April 1945 freigelassen.

* Am 10. November 1944 wurden 13 Mitglieder der oppositionellen »Edelweißpiraten« in Köln von der Gestapo öffentlich gehängt.

Kann Deutschland den Druck aushalten? *4. Februar 1945*

Deutschland ist nun zum ersten Mal ernsthaft besetzt (den Verlust des kleinen Grenzstreifens um Aachen konnte man noch nicht als richtige Invasion bezeichnen), und natürlich erhebt sich die Frage, ob es sich gegen die Invasion zu wehren vermag oder unter ihrer Stoßkraft zusammenbricht. Es ist eine politische Frage, die unabhängig von rein militärischen und wirtschaftlichen Fragen betrachtet werden muß.

Deutschlands militärische Niederlagen der letzten drei Wochen sind an und für sich nicht schlimmer als viele, die es vorher erlitten hat; auch der Verlust der oberschlesischen Kohle- und Schwerindustrie macht es nicht unmittelbar aktionsunfähig, wenn er auch langfristig ein sehr wirkungsvoller Schlag sein wird. Im Moment sind die politischen Implikationen der Invasion von Belang: die Herauslösung deutscher Gebiete und von Teilen der deutschen Bevölkerung aus dem Zuständigkeitsbereich ihrer Regierung, andererseits die extreme Belastung des Staatsapparates durch Evakuierungen (»im Verlauf einer Evakuierungsmaßnahme hat ein Minister nur den Befehl über seinen Fahrer und sonst niemanden«), der zusätzliche Druck, der durch den Massenexodus von Flüchtlingen auf diesen geschwächten Staatsapparat zukommt und schließlich das Wissen, daß von nun an jede militärische Aktion, ob erfolgreich oder nicht, deutsche Städte, deutsche Bauernhöfe und deutsches Leben vernichtet. All das zusammen kann unerachtet der rein militärischen oder kriegswirtschaftlichen Situation Kampfeswillen oder -fähigkeit entscheidend lähmen. Jedenfalls reagierten Frankreich, Italien und viele kleinere Länder auf die Invasion in dieser Weise, China und Rußland nicht. Wie wird Deutschland sich verhalten?

Bevor wir versuchen, diese Frage zu beantworten, müssen wir uns klar machen, was wir eigentlich erwarten. Eine Invasion kann – kurz vor der vollständigen militärischen Eroberung, die aber noch einige Zeit dauern wird – dem Widerstand eines Landes auf dreierlei Weise ein Ende bereiten:

Erstens kann sie den Verwaltungs- und Militärapparat so lahmlegen, daß ein Weiterkämpfen, selbst wenn Regierung und Volk es wollten, praktisch unmöglich ist. Das ist Polen im September 1939 und Jugoslawien im April 1941 passiert.

Zweitens kann die amtierende Regierung in dem besetzten Land den Kampfeswillen verlieren und aufgeben. Das Volk wird nicht gefragt. So geschehen 1940 in Frankreich.

Drittens kann trotz des Wunsches der Regierung weiterzukämpfen der Wunsch zur Aufgabe in anderen relevanten Teilen des Volkes überhandnehmen und die amtierende Kriegsregierung von einer breit unterstützten Friedensregierung gestürzt werden wie 1943 in Italien.

Von den drei Möglichkeiten können wir die ersten beiden ausschließen. Was die Lähmung der staatlichen Verwaltung betrifft, können wir zwar sicher davon ausgehen, daß »in Ostdeutschland Steuern und Abgaben nicht mehr ordnungsgemäß eingezogen werden« und viele Annehmlichkeiten des Zivillebens geschwunden sind, doch von dort bis zu einem wirklichen Auseinanderfallen der Regierung ist es ein langer Weg. Die Berichte über Unruhen – schlagzeilenträchtig für einige weniger kritische Zeitungen – sind von keiner seriösen Quelle bestätigt worden. Und der riesige Flüchtlingstreck aus dem Osten scheint bisher im großen und ganzen auch kontrolliert zu verlaufen. Die Leiden des Einzelnen haben noch keinen Kollaps des ganzen Landes herbeigeführt.

Es gibt auch nicht das geringste Anzeichen, daß Hitler und seine Gefolgsleute ihren Kampfeswillen verloren haben. Das hat Hitler einmal mehr in seiner letzten Rede deutlich gemacht, die nicht sonderlich beeindruckend, aber auch nicht die Rede eines Mannes war, der an seiner Sache verzweifelt. Die Aussicht einer weitgehenden Zerstörung Deutschlands und der Dezimierung der Bevölkerung scheint ihn jedenfalls nicht zu bekümmern. Ja, er sieht offenbar große Chancen für eine überlebende Nazi-Bewegung in einer Welt, die – so hofft er – zuerst Aufruhr und Chaos in ganz Europa und dann einem Dritten Weltkrieg entgegentreibt.

Bleibt die dritte Möglichkeit: Der Sturz der Hitler-Regierung durch eine Friedenspartei, die entschlossen ist, das Land vor dem Ruin zu bewahren, und die auch Unterstützung im Volk gewinnen kann. Ein Versuch dieser Art wurde natürlich am 20. Juli 1944 gemacht. Er schlug fehl. Die Frage ist, ob er – mit mehr Erfolg – wiederholt werden kann.

Über eines müssen wir uns dabei klar sein. Ein solcher Coup kann nicht aus »dem Volk« kommen – den eisern kontrollierten Massen. Deren Friedenssehnsucht mündet vielleicht in eine überwältigende Zustimmung zu einer Friedensregierung, wenn denn eine eingesetzt wird; eine solche bilden können sie nicht, am allerwenigsten jetzt. Flüchtlinge müssen an andere Dinge denken, als an den Sturz der Regierung, auf die sie, schon wenn sie nur ihren nächsten Teller warme Suppe haben wollen, vollkommen angewiesen sind. Bei diesem Stand der Dinge »das deutsche Volk« in seiner Gesamtheit ansprechen zu wollen, ist sinnlos.

Sinnvoll politisch handeln könnte nur eine organisierte Gruppe entschlossener Männer innerhalb Deutschlands und möglichst im Einvernehmen mit den Alliierten. Es müßten aber Männer sein, deren Vaterlandsliebe und moralische Integrität bei den Deutschen über jeden Zweifel erhaben wären.

Ob solche Gruppen zum Handeln hinter Hitlers Linien bereit sind, wissen wir nicht; so bald nach der Niederschlagung des Putsches vom 20. Juli und den darauffolgenden Säuberungen ist es eher unwahrscheinlich. Doch hinter den russischen Linien gibt es eine Gruppe, die sehr wohl bald in der Lage sein mag, sich einzuschalten und eine Regierung auf deutschem Boden zu bilden: das »Nationalkomitee Freies

Deutschland« von Feldmarschall Paulus und General von Seydlitz in Moskau. So wie sich die Situation jetzt entwickelt, wird diese Organisation vielleicht bald eine Schlüsselrolle spielen. Gutinformierte Kreise schätzen deren für staatliche Aufgaben geeignete Mitglieder (Polizisten, Richter, Lehrer, Verwaltungsbeamte auf allen Ebenen) auf zirka achtzigtausend. Die Namen ihrer Führer haben – einerlei, was wir von ihnen halten – für deutsche Ohren einen guten Klang. Eine in Königsberg, Breslau oder Berlin gebildete Regierung Paulus, die Hitler entmachten, mit Nachdruck von jedem patriotischen Deutschen Treue und Gehorsam verlangen und Frieden und Ordnung versprechen würde, könnte sehr wohl der Katalysator für die aufgestaute Verzweiflung und Unzufriedenheit in Deutschland werden. An ihr würde sich vor allem auch entscheiden, ob der deutsche Widerstand fortgesetzt oder beendet wird.

Ob oder wann eine solche Regierung entsteht, ist nicht zu sagen. Es scheint aber, daß Stalin noch einen Trumpf in der Hand hat, und es sähe ihm so gar nicht ähnlich, wenn er den nicht ausspielen würde.

Gesicht einer Stadt – Berlin

15. April 1945

Vom Flugzeug aus gesehen, bietet – oder bot – Berlin den Anblick einer dicht gedrängten, würfelförmigen kompakten Masse. Es ist groß, aber nicht unendlich auseinandergezogen, denn es besteht meist nicht aus Einfamilienhäusern, sondern aus Häuserblocks. Es ist eine Stadt der »Mietskasernen«, gleichmäßig hohen, massiven, vierstöckigen Gebäuden, die in den ärmeren Bezirken regelrecht ineinanderverschachtelt, mit schmalen Lichtschächten versehen und hunderten von Menschen vollgestopft sind. Selbst der wohlhabende Berliner besaß normalerweise kein Haus, sondern wohnte in der Beletage eines solchen gleichmäßig großen, massiven Mietshauses, dessen Fassade oft einem Renaissancepalast nachempfunden war. In Berlin konnte man nirgendwo leben, ohne daß man das Gefühl hatte, von Menschengewühl umgeben zu sein, ohne daß man ständig mitkriegte, daß Fremde neben einem, über einem und unter einem lebten.

Vielleicht entsteht daraus die eigenartige Spannung in der Atmosphäre Berlins, die charakteristische Berliner Nervosität und Rastlosigkeit, der Eindruck, daß ständig irgendwo etwas Dramatisches passiert, daß immer was los ist. Der Berliner war stets in Eile. Er stopfte seinen Tag mit Geschäfts- und Freizeitterminen voll; in einem fort telephonierte und organisierte er; auf der Straße lief er in einer Art Eilmarsch; Geduld und Disziplin in einer Warteschlange besaß er nicht. Berlin versuchte die Zeit vollzupacken und mit Menschen vollzustopfen, so wie es den Raum vollpackte und -stopfte. Es stand früh auf und machte spät Feierabend. Die einzigen ruhigen Stunden waren von zwei bis fünf Uhr morgens – und dann wirkte Berlin nicht wie eine Stadt, die schläft, sondern wie eine, die tot ist.

*

Berlin hatte keine Übergangsstadien. Es kannte nur Hektik oder Erstarrung. Auch der einzelne Berliner, erschöpft von der konstanten, beinahe elektrischen Spannung seiner Umgebung, kapselte sich bisweilen – selbst auf Kosten nachbarlicher Höflichkeit – abrupt und barsch ab, um gierig ein Stückchen Einsamkeit zu ergattern. Das hat Berlin den Ruf einer ruppigen, unfreundlichen Stadt eingebracht, obwohl einem hier nun wirklich exzellente Dienstleistungen und hektische Gastfreundschaft geboten wurden.

Berlin war eine neue Stadt. Es behauptete, siebenhundert Jahre alt zu sein, aber davon merkte man nichts. Es gab nichts Mittelalterliches. Überlebt hat einzig ein Hauch achtzehntes Jahrhundert: ein bißchen Barockarchitektur um und entlang Unter den Linden, die alten königlich-preußischen Gebäude; ein Funken geistreich trockener Respektlosigkeit in der Luft. Aber das kann man auch überbewerten, wie zum Beispiel die liebenswürdigen Erinnerungen an das romantische Berlin, an E.T.A. Hoffmann und seine Schauspielerfreunde, die sich in den Weinstuben Lutter & Wegner ihre phantastischen Geschichten erzählten, an die höchst fortschrittlichen Zirkel der romantischen Geister und Kosmopoliten, die Berlin um 1800 Glanz verliehen. Es trifft zu (und ist weitgehend vergessen), daß die Stadt als Ort der Musen zu jener Zeit gleich nach Weimar den zweiten Platz einnahm. Doch man mußte schon sehr vertraut mit ihr sein, um die Spuren dieser älteren und kleineren, durchaus noblen Hauptstadt der Künste und Wissenschaften in der gehetzten, überlaufenen, mechanisierten Metropole des zwanzigsten Jahrhunderts zu finden.

*

Das gegenwärtige Berlin – das Berlin der jüngsten Vergangenheit, muß man ja nun sagen – war nicht älter als achtzig Jahre. Schwer zu erklären, wie es entstand. Gemeinhin wird auf die Gründung des Deutschen Reiches oder die industrielle Revolution verwiesen. Trotzdem hatte es etwas Magisches, etwas Unnatürliches, wie rapide diese fiebrige, stets betriebsame, hypernervöse gigantische Stadt aus dem Boden schoß. Warum strömten diese irrsinnigen Menschenmassen alle dorthin – an die Ufer des kümmerlichen Flüßchens Spree, mitten in diese seltsam urtümliche (und seltsam faszinierende) Landschaft der düsteren Kiefernwälder und Seen, weit entfernt von den alten Zentren der deutschen Kultur und trotz moderner Verkehrsmittel irgendwie abgelegen? Als Industriegebiet konnte Berlin mit jedem anderen in Europa konkurrieren. Warum wurden diese mächtigen Fabrikanlagen ausgerechnet hier, weit weg von Kohlevorkommen – buchstäblich, ja buchstäblich auf Sand gebaut? Keiner weiß es. 1870 war Berlin noch ruhig, preußisch streng, ein wenig provinziell. Zwanzig Jahre später war es eine Weltstadt, abgrundtief häßlich – die häßlichen Bauten vom Ende des neunzehnten Jahrhunderts sind berüchtigt –, aber groß, grenzenlos groß und von unbändigem Leben erfüllt.

*

Seitdem hat es keine Zeit gehabt, sich selbst kennenzulernen und einen Charakter auszubilden. (»Keine Zeit zu haben« war, recht bedacht, vielleicht sein typischster Charakterzug.) Das wilhelminische Berlin war neureich, prahlerisch, laut und äffte alles nach, doch es gab auch einiges Schöne: die Universität, Hort großer klassischer Gelehrsamkeit, unter der Leitung von Wilamowitz, das Theater Otto Brahms und Max Reinhardts, hervorragende Orchester und Opernhäuser, Wissenschaftler wie Einstein und Planck, eine lebendige Caféhauskultur und Kirschblütenfeste an den Flüssen.

Das republikanische Berlin wurde berühmt-berüchtigt als Sündenpfuhl, wegen seiner schrecklichen, künstlichen Lasterhaftigkeit, der Lasterhaftigkeit einer Stadt, die nicht von Natur aus sinnlich war. Doch auch hier gab es eine Kehrseite: den wahnsinnigen Drang nach Volksgesundheit, die Massen, die jedes Wochenende an die Seen und in die Wälder der Umgebung pilgerten. Es gab einen Sonnenwahn, einen Sportwahn. (Eigentlich wurde in Berlin alles zum Wahn – bis es von etwas anderem abgelöst wurde.) Dann kamen die Nazis und der Nazi-Wahn, Pogrome und Paraden, eine Menge scheußlicher bombastischer, rechteckiger, massiver Gebäude, und die Flaggen und öffentlichen Lautsprecher machten das Gefühl, von Massen umgeben zu sein, nur noch intensiver und verstärkten die allgemeine Klaustrophobie.

*

Und dann kam der Krieg. Und die Fremdarbeiter. Und die Royal Air Force. Und dann der russische Vormarsch und der Belagerungszustand. Nun plötzlich wie ein Blitz aus heiterem Himmel die Amerikaner … Ist das das Ende Berlins? Oder wie wird das nächste Berlin aussehen?

Unmöglich zu sagen bei einer solchen Stadt. Es gibt Städte, alte, reife Persönlichkeiten, für die eine fremde Besatzung oder die Zerstörung ihrer Gebäude nur ein tragisches Ereignis, ein furchtbar tragisches, ist, doch im Grunde nur ein Zwischenspiel. Diese Städte scheinen trotz Schicksalsschlägen der Geschichte unzerstörbar zu sein. Aber Berlin? Vielleicht beginnt es sein Leben wieder einmal neu und zeigt ein ganz anderes Gesicht. Oder wird es seines eigenen Daseins müde, wird es aufgegeben, weil doch nichts mehr zu machen ist, und genauso unerklärlich verschwinden, wie es aufgetaucht ist?

Die letzten Zuckungen der sterbenden Nazi-Partei und der Wehrmacht sind spektakulär, aber nicht mehr wichtig. Im Blick auf die Zukunft ist der Zustand des eroberten Deutschland wichtig. Mit erstaunlicher Schnelligkeit nimmt dort eine klare, einfache politische und ökonomische Situation Gestalt an. Sie ist überall gleich und wird sich wahrscheinlich auch nicht großartig ändern durch das, was wir in den wenigen, noch nicht eroberten Ecken des Landes finden. Für die Sieger ergeben sich daraus ebenso klare wie einfache Vorgehensweisen.

Die Situation selbst kann man mit einem halben Dutzend einfacher Sätze umreißen: Es gibt keinen Staat mehr und über den lokalen Bereich hinaus keine arbeitsfähige Regierung. Es gibt (im Gegensatz zu Italien) keine politische Gruppe irgendeiner Couleur, die fähig und willens wäre, die zentrale Regierungsgewalt auszuüben. Andererseits gibt es auch keinen nennenswerten politischen Widerstand. Die breite Masse der Bevölkerung akzeptiert ihre Eroberer als Herren und ist ohne Murren bereit, deren Befehlen zu gehorchen. Städte und Industriebetriebe sind ökonomisch ruiniert, Dörfer und Landwirtschaft mehr oder weniger intakt, brauchen aber wegen des plötzlichen Exodus der ausländischen Arbeitssklaven Arbeitskräfte.

Insgesamt ist die Lage weder politisch noch wirtschaftlich so gut, wie Optimisten erwartet, noch so schlecht, wie Pessimisten gefürchtet haben. Politisch ist weit und breit kein »anderes Deutschland« in Sicht, das bereit wäre, eine sozialdemokratische Republik oder ein paar idyllische Monarchien im alten Stil zu gründen, man bemerkt aber auch keine fanatischen Werwolfsrudel, die nur darauf warten, für Führer und Nazi-Mythos massenhaft zu töten und zu sterben. Grob gesagt, finden wir eine Nation von Untertanen, die einigermaßen erleichtert ist, eine grausame und tyrannische Herrscherbande los zu sein, die ihre neuen Herrscher (in der Hoffnung, daß sie gerechter und menschlicher sind) fraglos akzeptiert, sich ein wenig in Selbstmitleid suhlt, doch ansonsten durchaus willens ist, brav zu gehorchen, organisiert zu werden und zu arbeiten. Müßig zu diskutieren, ob das beweist, daß die Deutschen »gut« oder »böse« sind. Zunächst einmal muß man ihre bereitwillige Unterwerfung hinnehmen und sie regieren.

Um so mehr, als sie eine Regierung dringend nötig haben, sowohl in ihrem eigenen Interesse als auch im Interesse des verwüsteten Europa. Wirtschaftlich steht Deutschland vor zwei gigantischen Problemen, die ihre jeweilige Lösung vielleicht gleich mitliefern: Es herrscht Arbeitslosigkeit in den Städten und Arbeitskräftemangel auf dem Land.

Arbeitslosigkeit bleibt im Moment wohl keiner Stadt erspart. Die meisten Fabriken sind zerstört, doch selbst der Rest steht wegen Mangels an Rohstoffen und Transportmöglichkeiten oder mangelnder Nachfrage nach ihren Gütern still. Die Produktion mancher Industriezweige könnte natürlich umgestellt werden, aber das ist eine langfristige Sache. Vorläufig besteht das extrem drückende Problem, eine Hungersnot zu verhindern, bevor das Jahr zur Neige geht.

In der deutschen Landwirtschaft, das wird jetzt klar, haben fast ausschließlich Fremdarbeiter geschuftet. Sie sind nicht mehr da. Wenn aber im nächsten Winter etwas zu essen da sein soll, werden Millionen Arbeitskräfte auf dem Land gebraucht. Da liegt es auf der Hand, daß man die Arbeitslosen aus den Städten abzieht. Das würde außerdem eine kurzfristige Linderung der Wohnungsnot bringen und die Gefahr von Epidemien verringern – die in zerstörten, wasserlosen Städten immer droht. Viele Fremdarbeiterlager auf dem Land stehen ja auch inzwischen leer.

Theoretisch stellt sich also alles sehr einfach dar. Praktisch gibt es einen großen Haken: Es existiert kein Behördenapparat, der es organisiert. Militärregierungen sind zur Kontrolle und Überwachung da, nicht für die eigentliche Verwaltungsarbeit. Neulich stellte denn auch ein aus dem besetzten Deutschland heimgekehrter amerikanischer Kongreßabgeordneter fest: »Zweck einer Militärregierung ist es, einer deutschen Regierung Anweisungen und Befehle zu erteilen und nicht selbst zu regieren.« Die kleinen Teams der Alliierten Militärregierungen – selten mehr als vierundzwanzig Offiziere für eine große Stadt oder einen Landkreis – reichen aus, einer existierenden Regierung an Ort und Stelle »Anweisungen und Befehle zu erteilen«, doch wie können sie unter extrem angespannten und schwierigen Bedingungen Massenumsiedlungen von Bevölkerungsgruppen und Massenverschiebungen von Arbeitskräften organisieren?

Ganz klar: Wir haben uns auf eine andere Situation vorbereitet. Wir haben Feindseligkeit und Obstruktion – doch auch Ordnung und Zusammenhalt erwartet. Statt dessen finden wir Gehorsam und Unterwürfigkeit – doch auch Passivität und Hilflosigkeit. Deshalb brauchen wir einen neuen Verwaltungsapparat, und zwar schnell. Improvisationskunst in großem Ausmaß ist gefragt. Warum dehnen wir nicht die Befugnisse unseres Arbeitsministeriums mit seiner enormen Erfahrung, Arbeitskräfte zu organisieren, auf das besetzte Deutschland aus?

Vielleicht fragt sich manch einer, warum wir uns so viele Gedanken darüber machen, wie Deutschland nun regiert werden soll. Warum wir die Deutschen nicht »im eigenen Saft schmoren« lassen. Es gibt zwei zwingende Gründe – einen politischen und einen ökonomischen.

Politisch ist das derzeitige vollständige Vakuum in Deutschland sowohl eine vom Himmel gesandte Chance als auch eine große Gefahr. Eine Chance, weil wir mit unserem

Eingreifen die Kontrolle über das Land übernehmen und dafür sorgen können, daß das neue Deutschland, das endlich unter Schmerzen entsteht – das Deutschland der nächsten Generation –, ein möglichst guter oder zumindest ein für immer ungefährlicher Nachbar wird. Eine Gefahr, weil ein politisches Vakuum sich nicht lange halten kann, und wenn die Deutschen merken, daß wir es nicht füllen, bleibt Raum für alle möglichen neuen Probleme und Schwierigkeiten.

Ökonomisch gibt es sogar noch mehr Grund zu raschem Handeln. Der erste Friedenswinter in Europa kann in mancher Hinsicht tragischer werden als alle Kriegswinter zuvor. Voraussichtlich gibt es auf dem gesamten Kontinent Hunger und Lebensmittelknappheit. Wenn man in solch einer Situation riesige fruchtbare Gebiete unbestellt läßt und Millionen von Arbeitskräften nicht beschäftigt, fordert man die Katastrophe geradezu heraus. Doch Chaos und Hungersnot, die die leidende Bevölkerung veranlassen können, allmählich wieder Sehnsucht nach den geordneten Zeiten des Dritten Reichs zu entwickeln, sind genau das, was die Nazis mit ihrer Strategie in der Niederlage erreichen wollten.

»Der Umfang seiner Oberschenkel und Arme war enorm, seine Leibesfülle ungeheuer. Er trug einen weißen, mit diversen brillantengespickten Orden und Ehrenzeichen überladenen Uniformrock, und über dem Eisernen Kreuz an seinem Hals baumelte ein Monokel an einer schwarzen Kordel. Seine Hände sahen aus wie die Grabepfoten eines Dachses. An der rechten Hand trug er einen überdimensionalen Ring mit sechs riesigen Diamanten, an der linken einen Smaragd von mindestens sechs Quadratzentimetern.«

Diese kurze Beschreibung Görings stammt von Sumner Wells, folgende von Frederic Oechsner: »Freunde von mir, die kurz vor Ausbruch des Krieges in San Remo im selben Hotel wie Göring wohnten, erzählten mir, wie fasziniert sie beobachtet hätten, daß Göring beim Mittagessen zehn Hummer als ersten Gang verspeiste, zwischen den einzelnen Bissen Schmuck aus der Tasche zog, den er für seine Frau gekauft hatte, und ihn ihr zeigte.«

Wahrhaftig, ein Pfundskerl. In der ganzen Welt kichern entzückte Filmbesucher, wenn sein ordensgeschmückter Pansen sich auf die Leinwand schiebt. Nun eine andere Geschichte.

*

Am 30. Juni 1934 saßen einhundertundfünfzig verstörte SA'ler im Kohlenkeller der alten Kadettenschule im Berliner Vorort Lichterfelde und warteten auf ihren Tod. Darunter ein Mann namens Gehrt, der im letzten Krieg Pilot in Görings Jagdgeschwader gewesen war und den »Pour le mérite« besaß, den damals höchsten deutschen Tapferkeitsorden. Nachdem mehrere Dutzend Männer im Hof draußen erschossen worden waren, kam ein SS-Mann in den Keller, rief Gehrt auf und sagte zu ihm: »Gehen Sie nach Hause, waschen und rasieren Sie sich, legen Sie Ihre Gala-Uniform mit allen Ihren

Orden an und melden Sie sich bei General Göring.« Tief gerührt taumelte Gehrt hinaus. Sein alter Kamerad hatte ihn also gerettet!

Zwei Stunden später war er zurück. Er hatte getan, wie ihm befohlen, und drang mit einigen Schwierigkeiten bis zu Göring vor. Dieser ließ seinen Stab antreten, riß Gehrt zuerst den »Pour le mérite«, dann die anderen Ehrenzeichen von der Uniform und sagte: »Dieses Schwein habe ich hierherbestellt, weil er einmal zu meinem Geschwader gehört hat. Weg mit dir! Bringen Sie ihn fort.« Gehrt wurde mit anderen erschossen. Die Geschichte wurde von einigen, denen man in letzter Minute das Leben schenkte, erzählt und von Mitgliedern des Erschießungskommandos bestätigt.

*

Göring, der die Witze über sich sammelt; Göring, der mit Schulbubenstolz seine Hochzeitsgeschenke herzeigt; Göring, der mit einer riesigen Modelleisenbahn spielt und über seinen neuen juwelenbesetzten Marschallstab strahlt: Es gibt Hunderte solcher Geschichten und Bilder, die den anderen Göring beinahe vollständig überlagern: den Göring, der die ersten Konzentrationslager einrichten ließ und die Gestapo gründete (es war nicht seine Schuld, daß Himmler sie ihm später wegschnappte); Göring, der jedem Polizeibeamten mit schweren Strafen drohte, der nicht rücksichtslos auf linke Demonstranten schoß; Göring, der am Morgen seines Hochzeitstages höchstpersönlich die Exekution einiger ausgewählter Kommunisten befahl …

Es ist nicht leicht, sich fette Männer als Bösewichter vorzustellen. Dennoch gibt es sie. War nicht Kaiser Nero fett? War Claudius nicht der »Schwabbel-König«? Beide haben mit Göring eines gemeinsam: Hinter rauher Herzlichkeit verbergen sich Heimtücke und Brutalität – eine Brutalität, die mit einer perversen Selbstsucht gepaart ist. Wenn man sich dazu einen Anflug spätrömisch-dekadenter weibischer

Zärtlichkeit für den eigenen überfütterten schlabbrigen Leib vorstellt, dann hat man diesen feisten, parfümierten Mann vor sich, der täglich, manchmal stündlich, seinen Schmuck, seine Uniformen und seine Orden wechselt, sein Spiegelbild anlächelt, sich unterschiedslos mit tatsächlichen Kostbarkeiten und Talmi aller Art umgibt; der sich selbst noch auf dem Gipfel seiner Macht und seines Reichtums eine unbändige Freude an Bestechungsgeschenken und eine Lust am Beutemachen bewahrt, die an Kleptomanie grenzt; der sich herausputzt wie ein jugendlicher Liebhaber, sich mit Essen und Luxus vollstopft und doch immer rastlos ist, immer einen hungrigen Blick in den durchdringenden grünlichen Augen hat ... War er nicht einmal drogensüchtig? Einmal sogar in einer Heilstätte? Offenbar kommt trotz all des luxuriösen Fetts, in das er sich gekleidet hat, seine verdammte Seele nicht zur Ruhe.

*

Aber wie sein Fett die Welt getäuscht hat! Fast alle haben es für einen Beweis seiner Gutmütigkeit gehalten, viele es sogar mit einer eisernen Konstitution verwechselt. »Göring, der eiserne Mann Deutschlands ...« Doch von allen Männern Nazi-Deutschlands hat keiner, stellte sich heraus, weniger Rückgrat als dieser schwabbelige, fette, verhätschelte Fleischklops. Keiner hat sich bei der ersten Krise so jämmerlich verdrückt, ist so prompt eingeknickt.

Ob er nun tot oder mit fünf Millionen Pfund geflüchtet ist, weiß niemand. Es ist auch egal. Göring ist schon seit Jahren nicht mehr wichtig. Sein einziger großer Augenblick war die Nazi-»Revolution« – das heißt, die erste große Terrorkampagne gegen Wehrlose, nachdem man »legal« die Macht an sich gerissen und sie sicher hatte. Er begriff einfach ein wenig schneller als die anderen, daß Töten, Rauben, Stehlen und Foltern kein Risiko mehr darstellten – also organisierte er den Reichstagsbrand, die ersten Konzentrationslager, die ersten Morde an politischen Gegnern in großem Maßstab, und wenn seine Greueltaten im Vergleich zu Himmlers Massenproduktion von Tod heute auch geradezu belanglos und handwerklich wirken, hat er sie doch ganz gewiß intensiver genossen und mehr persönlichen Eifer dabei entfaltet, als sein kalter, aalglatter, schmallippiger Nachfolger.

*

Das war aber auch schon alles, was er zustande brachte. Hinfort sammelte er nur noch Ämter, Titel und Uniformen und bewies bestenfalls eine gewisse Geschicklichkeit, Männer auszusuchen, die ihm die Arbeit abnahmen. Seinem sonstigen Dilettieren in der großen Politik war kein Erfolg beschieden. Während er eine Atmosphäre um sich schuf, die Beobachter von außen in dem Glauben wiegte, er werde Hitler eines Tages ausbooten und Nazi-Deutschland in eine reaktionäre Normalität zurückführen, spielten ihn andere Leute – Himmler, Goebbels, Ribbentrop, Speer – vollkommen an die Wand.

Göring stritt sich – erfolglos – mit ihnen allen und zog sich nach seinen wiederholten Niederlagen schmollend zu seinen Juwelen und seinen Hummern zurück. Im letzten Jahr war er kaum noch mehr als ein unförmiges Gespenst, das durch das Dritte Reich stolzierte. Tot oder lebendig, auch dieses Gespenst ist nun gebannt.

* Sumner Wells war hoher Beamter im amerikanischen Außenministerium mit besonderen Deutschlandkenntnissen.

* Frederic Oechsner war Deutschland-Korrespondent von United Press.

Wer kapituliert in Deutschland? *6. Mai 1945*

Deutschland bricht zusammen, und der Krieg ist bald zu Ende – soviel ist klar. Doch sobald wir versuchen, hinter diese sehr generelle Aussage zu schauen, wird alles außerordentlich rätselhaft und widersprüchlich.

An einem Tag ist es Himmler, der Verhandlungen führt und die bedingungslose Kapitulation »garantiert«, am nächsten ist er von der Bildfläche verschwunden und Dönitz der neue Führer. Und während wir auf Grund der Reden seiner Minister noch herumrätseln, ob er bis zum bitteren Ende weitermachen oder nun doch kapitulieren will, vollzieht sich die erste richtige, umfassende Kapitulation – nicht als Resultat der Avancen Himmlers oder irgendwelcher Aktivitäten der Regierung Dönitz, sondern als Ergebnis militärischer Verhandlungen, die schon seit Wochen mit Kommandeuren an der Front im Süden Deutschlands geführt wurden. Nun hat – gleichfalls auf militärischer Ebene – vor Feldmarschall Montgomery eine zweite große Kapitulation stattgefunden. Sie betrifft Nordwestdeutschland, Holland und Dänemark.

Die Saat des Chaos

Einem Sieg schaut man genausowenig ins Maul wie einem geschenkten Gaul. Er ist da, das reicht. Daß im Lager der Besiegten ein wenig Chaos herrscht, ist normal. Nicht nötig, es genauer zu betrachten; soll es sich von allein auflösen; eines Tages wird irgend etwas daraus hervorgehen. Das ist die übliche Attitüde in der Stunde des Sieges. Sie ist gefährlich. Denn das »irgend etwas«, das in dem unkontrollierten Chaos des besiegten Feindeslandes entsteht, kann durchaus die Voraussetzungen für einen neuen Krieg enthalten. Die beinahe unbemerkten Entscheidungen, die in diesen wirren Momenten von Ende und Neuanfang fallen, sind oft unumstößlich und folgenschwer; immerhin sind sie es, die den Verlauf der Geschichte in eine neue Bahn lenken.

Man schaue sich an, was in den schicksalhaften drei Tagen vom 8. bis zum 11. November 1918 geschehen ist. Während die ganze Welt nichts anderes sah als das schmähliche Zusammenbrechen des deutschen Kaiserreichs und sich, ohne weiter nachzudenken, in Jubelfeiern stürzte, wurden im Handumdrehen drei Dinge von verhängnisvoller Bedeutung entschieden: erstens, daß das Deutsche Reich als einheitlicher Staat fortbestehen sollte (und damit zwangsläufig die erste Macht in Europa blieb); zweitens, daß die nächste Regierung aus Sozialisten und Demokraten gebildet werden und den Waffenstillstandsvertrag unterzeichnen sollte (für dessen Bedingungen sie folgerichtig die Verantwortung übernehmen mußte); drittens, daß die Regierung von der »im Felde unbesiegten« Armee und deren Befehlshabern unterstützt und damit letztlich kontrolliert werden sollte. Mit diesen drei Entscheidungen wurde die Saat für den nächsten deutschen Krieg gesät. Doch als sie getroffen wurden, interessierte sich niemand dafür.

Natürlich sind wir alle fest entschlossen, kein zweites Mal in eine solche Falle zu tappen. Dieses Mal gibt es sie auch nicht. Aber gibt es vielleicht andere Fallen? Sei dem, wie ihm sei: Wir täten gut daran, das deutsche Chaos ein wenig genauer zu betrachten als das letzte Mal.

Dubiose Todesfälle

Dabei müssen wir uns momentan im großen und ganzen auf Vermutungen und Spekulationen stützen, und der politische Kommentator fühlt sich bisweilen in die Rolle des Kommissars in einem Krimi versetzt, zumal im Vordergrund des Bildes, das sich ihm bietet, ein mysteriöser Todesfall steht.

Von Hitlers Tod existieren drei Versionen, keine unbedingt zutreffend. Am 24. April sagte Himmler zu Graf Bernadotte,

Hitler habe einen Schlaganfall erlitten und liege im Sterben. Dönitz verkündete am 1. Mai, Hitler sei in der Schlacht um Berlin den Heldentod gestorben, während Fritzsche am 3. Mai verlautbaren ließ, Hitler und Goebbels hätten Selbstmord begangen. Gefunden worden ist Hitlers Leiche bisher nicht.

Nun zu ein paar Daten. Am 22. April appellierte Goebbels an die Berliner, sie sollten »bis zum letzten Blutstropfen kämpfen«, erwähnte Hitler aber nicht. Am Tag darauf hieß es plötzlich offiziell, Hitler sei in Berlin; doch er hielt keine Rede und trat auch nirgendwo auf. Einen Tag später teilte wiederum Himmler vertraulich mit, daß Hitler im Sterben liege und keine vierundzwanzig (oder achtundvierzig) Stunden mehr leben werde, und bot sich selbst den Westalliierten als Garant der bedingungslosen Kapitulation an. Bemerkenswert war übrigens, daß inzwischen Goebbels – immer noch in der Anfangsphase der Schlacht um Berlin – schwieg: Es gab keine weiteren Artikel oder Radioansprachen an die kämpfenden Berliner; er bestätigte das Gerücht, daß Hitler in Berlin sei, nicht. Und als dann das Angebot Himmlers schon unterwegs war, kam plötzlich die Posse von Görings Herzkrankheit und seiner Entlassung durch (den sterbenden) Hitler. Über alle anderen Parteiführer – Ribbentrop, Ley, Bormann – senkte sich gleichzeitig ein Schweigen, das man nur als ominös bezeichnen kann. Ist vollkommen auszuschließen, daß Himmler, der Chef der Gestapo und des Sicherheitsdienstes der SS (einer besonders hochklassigen Mörderbande), sich deshalb am 24. April als »Garant« der bedingungslosen Kapitulation und »einzig übriggebliebener, im Vollbesitz seiner geistigen Kräfte befindliche Führer« andienen konnte, weil er sich aller anderen »Führer« schon entledigt hatte? Die Geschichte von Hitlers Anwesenheit in Berlin würde wunderbar zu dieser Schlußfolgerung passen, falls (wie wir vermuten) Himmler sie in die Welt gesetzt hat. Die Nation sollte auf Hitlers Heldentod und die Ernennung seines offensichtlichen Nachfolgers vorbereitet werden – auf Himmler.

Der Kreis schließt sich

Doch Himmlers Angebot wurde nicht angenommen, und Graf Bernadotte traf sich auf seiner zweiten Reise nach Norddeutschland mit Feldmarschall Busch und Admiral Dönitz. Unmittelbar danach kam die Mitteilung von Hitlers Tod und die überraschende Ernennung von Dönitz zu seinem Nachfolger. Wie diese Ernennung erfolgt war, da Hitler doch angeblich in dem eingeschlossenen Berlin und Dönitz irgendwo in Norddeutschland weilte, wurde nicht näher erklärt. Doch daß Dönitz im Namen Hitlers die Macht übernahm und den Befehl zum Weiterkämpfen gab, machte es Himmler extrem schwer, die Macht mit einem Aufruf zur Kapitulation zu übernehmen.

Seitdem, in den achtundvierzig Stunden vom 1. bis zum 3. Mai – von Dönitz' erster Regierungserklärung bis zu Speers aufsehenerregender Rede –, hat sich der Kurs der Regierung Dönitz aber um hundertachtzig Grad gedreht. Es begann mit der Parole »Kämpfen bis zum letzten Atemzug«, nun heißt es: »Wir sind besiegt. Gehorcht den Alliierten und arbeitet für den Wiederaufbau des Vaterlandes.« Sogar die Unterscheidung zwischen den Westalliierten und den Russen wurde fallengelassen.

Im großen und ganzen und unter Berücksichtigung aller möglichen Irrtümer in Details in dieser zugegeben spekulativen Darstellung, ist doch relativ sicher, daß wir Zeugen eines Krieges um Hitlers Nachfolge sind und eines Wettkampfs um die Ehre, kapitulieren zu dürfen. Das ist das genaue Gegenteil der Ereignisse von 1918, als den wirklich an der Macht stehenden Männern die Verantwortung für die Kapitulation ganz bewußt abgenommen wurde.

Warum?

Die Antwort wird klar, wenn wir Speers Rede betrachten. Als »Garant« und »Vollstrecker« der bedingungslosen Kapitulation akzeptiert zu werden, ist im Moment die einzige Machtposition, auf die eine deutsche Gruppe hoffen kann. Die »wirkliche«, die herrschende Macht im Hintergrund – wie etwa nach dem November 1918 die stille Macht der deutschen Armeeführung – liegt diesmal, nach einem Kampf bis fünf Minuten nach zwölf, bei den Alliierten Armeen. Das Günstigste, auf das eine deutsche Gruppe nun hoffen kann, ist die Position im Vordergrund, die damals die Regierungen Ebert und Scheidemann innehatten. Damit ist durchaus eine gewisse reale Macht und vor allem die Aussicht auf zukünftige Macht verbunden, besonders, da die Alliierten Truppen wahrscheinlich kein permanenter Herrschaftsfaktor auf deutschem Boden sein werden wie die deutsche Armee im Jahre 1918.

Wenn die Alliierten in dieser Phase die bedingungslose Kapitulation einer deutschen Regierung annehmen, wird die Gruppe, die diese Regierung stellt, die anerkannte Macht sein, über die die Alliierten mit Deutschland verhandeln, außerdem die von den Alliierten beauftragte Instanz für die Verwaltung und den Wiederaufbau Deutschlands. Das damit verbundene Festhalten an einer deutschen Zentralgewalt könnte im übrigen zur Folge haben, daß die Alliierten wieder einmal das Reich retten.

Vermutlich ist das der Grund, warum Himmler von weiteren Kapitulationsvorschlägen abgebracht wurde. Die Vorstellung, daß die Alliierten Deutschland mit Hilfe der Gestapo und der SS regieren, war wohl schließlich doch zu absurd, selbst wenn Himmler angeboten hätte, vor allen drei Alliierten gleichzeitig zu kapitulieren.

Dönitz & Co

Dönitz' Gruppe von Konservativen, Armeebefehlshabern und nationalsozialistischen Machttechnikern wie Speer, wirkt einen Hauch respektabler, doch auch sie ist beileibe nicht der Wunschpartner für die Verwaltung Deutschlands. Aus drei Gründen: Sie würde durch den Zwang der Umstände und vielleicht sogar absichtlich das Fortbestehen von Hitlers Regime und Hitlers Mythos sichern, in dessen Namen sie ja die Macht übernommen hat; sie würde bestimmt versuchen, Rußland gegen die Westalliierten auszuspielen, selbst wenn die Kapitulation formal und korrekt gegenüber allen Alliierten erklärt worden wäre. Und das hätte zur Folge, daß das Moskauer »Nationalkomitee Freies Deutschland« offen auf deutscher Bühne auftreten und genauso entschlossen versuchen würden, die Westalliierten gegen Rußland auszuspielen. Wenn aber einer der großen Alliierten jemals einer deutschen Gruppe die Zügel in die Hand geben würde, die Deutschland als entweder Rußland oder dem Westen untergeordnete Einheit bewahren möchte, dann hätte Deutschland durch Kapitulation das erreicht, was es durch Widerstand nicht erreicht hätte: die Alliierten zu spalten und einen erneuten Krieg herbeizuführen.

Die Falle

Gut möglich, daß das die Falle ist, in die wir diesmal geraten, wenn wir die Kapitulation eines der Männer akzeptieren, die Hitlers Nachfolge antreten wollen. Wie man sie umgehen kann, zeigt das Vorgehen in Norditalien und Nordwestdeutschland. Niemand darf Nachfolger Hitlers werden; mit Gruppen, die die zentrale deutsche Regierungsgewalt ausüben möchten, wird nicht verhandelt; die Kapitulation muß Schritt für Schritt, von Front zu Front, von den Befehlshabern der verschiedenen Heeresgruppen übergeben und akzeptiert und in den drei Besatzungszonen eine wirklich umfassende und kompetente Alliierte Militärverwaltung eingesetzt werden (der mühsamste Teil der ganzen Geschichte); dann muß man erlauben, daß in den jeweiligen Zonen ein neues deutsches politisches Leben, das mit Hitlers Reich aber auch nicht mehr das Geringste zu tun hat, von der Basis an – erst lokal begrenzt, dann regional – zu wachsen beginnt, und die Frage eines späteren Zusammenschlusses der Zonen der Zeit und der natürlichen Entwicklung überlassen. Jede »patriotische« Hau-Ruck-Lösung und jeden Versuch, da weiterzumachen, wo Hitler aufgehört hat, muß man unterbinden und der Versuchung widerstehen, die zugegebenermaßen harte und schwierige Aufgabe der Verwaltung und des Wiederaufbaus Nazi-Experten wie Speer oder Militärexperten wie Paulus und Seydlitz zu überlassen.

Ob alle Alliierten bereit sind, in der Deutschlandpolitik ehrlich und gemeinsam diesen schweren Weg zu beschreiten, kann man heute nicht sagen. Wenn es nicht geschieht, wird in der Stunde des Sieges wieder einmal die Drachensaat künftiger Kriege gesät.

* Graf Bernadotte, Vizepräsident des schwedischen Roten Kreuzes, erreichte in Verhandlungen u.a. mit Himmler die Freilassung von mehr als 30.000 von den Nazis gefangengehaltenen Juden und Kriegsgefangenen; noch am 21. April 1945 verhandelt er in Berlin über eine Kapitulation vor dem sowjetischen Angriff auf die Stadt.

* Speers Rede: Rundfunkansprache, die Speer Mitte April verfaßte, auf Schallplatte aufnehmen und Anfang Mai in Hamburg senden ließ. Darin verbot er die Sprengung von Fabriken, Brücken und Transportanlagen; verlangte die Freilassung von Kriegsgefangenen, Zwangsarbeitern, politischen Häftlingen und Juden sowie das Verbot der »Werwolf«-Aktivitäten. In der Regierung Dönitz war Speer bis zu seiner Verhaftung Minister für Wirtschaft und Produktion.

Die alten Mächte und ihre neue Niederlage

13. Mai 1945

In der Öffentlichkeit herrscht der Eindruck vor, der Krieg von 1914 bis 18 sei plötzlich und überraschend zu Ende gegangen, während man diesmal das Ende lange habe kommen sehen. Doch die Tatsachen sprechen dagegen. 1918 beschloß die Oberste Heeresleitung am 29. September, das Handtuch zu werfen; dazu wurde auch sofort eine parlamentarisch legitimierte Regierung eingesetzt und sechs Wochen lang eine öffentliche Korrespondenz mit Präsident Wilson über die Bedingungen eines Waffenstillstands geführt, der dann schließlich am 11. November geschlossen wurde.

Dieses Mal – wie rasch wir vergessen – gab es bis zur letzten Aprilwoche kein Anzeichen für eine deutsche Kapitulation. Bis zu zwei Wochen vor dem historischen 7. Mai lauteten alle Prognosen, auch die aus bestinformierten Kreisen, dahingehend, daß es nie eine Kapitulation geben werde, daß Deutschland und die letzten besetzten Länder Gebiet für Gebiet gesäubert werden müßten und der Krieg schließlich – in ungefähr zwei bis drei Monaten – von den Alliierten für beendet erklärt werden würde.

Was dann passierte, ist immer noch ein vollkommenes Rätsel. Warum ist Hitler nach Berlin gegangen (wenn er es wirklich getan hat), um dort zu sterben? Was für ein Spiel hat Himmler getrieben? Wo ist er jetzt? Was steckt hinter Görings Ammenmärchen, daß er telephonisch die Macht gefordert hat, nur um plötzlich durch eben dieses Telephon sein Todesurteil zu hören? Wie ist Dönitz ins Amt gelangt? Das alles ist noch gänzlich ungeklärt.

Ebenso wie – zumindest offiziell – die Motive und Ziele der jetzigen deutschen Regierung. Deutlich zu erkennen ist lediglich, daß sie die volle Unterstützung des deutschen

Oberkommandos hat. Ihre Kapitulationsbefehle werden vom Offizierskorps prompt befolgt. Die Sprache ihrer Verlautbarungen ist die der deutschen Militärkaste. Weniger klar sind die Beziehungen zur Nazi-Partei. Formal ist die Regierung Dönitz die gesetzmäßige Nachfolgerin der Regierung Hitler, und sie sagt sich auch nicht offen los von der Partei, sondern läßt zum Beispiel vage verkünden, daß »die Einheit von Staat und Partei nicht mehr besteht«. Einige Nazi-Minister wie Speer sind offenbar weiter im Amt.

Andererseits wird Hitlers Kriegspolitik nicht fortgesetzt, und die berüchtigteren Nazi-Führer sind abgetaucht. Trotzdem kann man nicht behaupten, daß die deutsche Militärkaste, die durch die Regierung Dönitz die Macht behalten will, bisher sehr radikal mit ihren Nazi-Verbindungen gebrochen oder auch nur angedeutet hat, daß sie ihr Verhalten in jüngster Vergangenheit manchmal nicht tadelsfrei findet. Es ist immer noch ständig die Rede von »unserem heroischen Kampf«, über den die »Geschichte urteilen wird«. Die Selbstgerechtigkeit dieser deutschen Militärregierung ist angesichts der Verwüstungen und Trümmerhaufen in ihrem Land kaum zu überbieten.

Auch Dönitz, Busch und Co. sind durchaus bester Dinge. Als ihr Kapitulationsangebot angenommen wurde, hatten sie ja ihren ersten Überraschungserfolg im Kampf um die weitere Macht in Deutschland in der Tasche. Sie hatten sich fürs erste unentbehrlich gemacht. Es gibt genug zu tun: Sie müssen die Sammlung, Entwaffnung oder Überstellung der vielen zerstreuten deutschen Wasser-, Land- und Luftstreitkräfte organisieren, natürlich unter dem Oberbefehl der Alliierten. Aber den Deutschen geben sie (wenn auch mit alliierter Erlaubnis) die Befehle, ein erster Schritt, sich Ansehen zu verschaffen, und Rivalen sind nicht in Sicht.

Jedenfalls keine demokratischen deutschen Kräfte, wie es sie 1918 gab. Offensichtlich hat eine demokratische Opposition in Deutschland nicht überlebt. Selbst die ehemaligen demokratischen Beamten oder Politiker, die die Alliierten aufstöbern und unter Waffenschutz in das Amt des Bürgermeisters oder Kreisdirektors hieven, akzeptieren die Ämter nur zögernd, als hätte man ihnen eine Hinfahrkarte nach Dachau oder Buchenwald in die Hand gedrückt. Wir sollten uns jedoch deshalb nicht über sie lustig machen. Es ist ganz normal, daß der Terror, unter dem sie zwölf Jahre lang gelebt haben – schlimmer als der im faschistischen Italien – seine Spuren hinterlassen hat. Tatsache bleibt, daß die deutschen Demokraten im Moment kein aktiver Anwärter auf die Nachfolge Hitlers sind.

Wer dann? Es gibt das »Nationalkomitee Freies Deutschland« mit seinem Zentrum in Moskau. Ihre leitenden Köpfe sind ebenso repräsentativ für die deutsche Militärkaste wie Dönitz' Männer, ja, so sehr, daß sie sich gegenseitig nicht viel nehmen und am Ende sogar koalieren könnten. Noch ist Dönitz gegenüber Paulus aber klar im Vorteil.

Einen weiteren Konkurrenten hat Dönitz natürlich mit der anvisierten Alliierten Kontrollkommission in Berlin. Nach den Vereinbarungen von Jalta sollte der Alliierte Kontrollrat als zentrale deutsche Regierungsgewalt fungieren. Aber er existiert noch nicht; und nach den Erfahrungen in Polen, Rumänien, Jugoslawien und Österreich kann niemand die Frage beantworten, wieviele der Vereinbarungen von Jalta überhaupt noch gültig sind. Die deutschen Militärs, nicht dumm, bemerken ja mittlerweile wie alle anderen auch, daß sich die Alliierten in den vier Wochen seit dem Fall Wiens nicht auf die Bedingungen einigen konnten, unter denen die britischen und amerikanischen Mitglieder der geplanten Österreichischen Kontrollkommission in die Stadt einziehen sollten.

So stehen die Dinge im Moment, und es erklärt weitgehend, warum die deutsche Regierung, die gerade erst bedingungslos kapituliert hat, so selbstgefällig ist und sich insgeheim auf die Schulter klopft. Eines könnte die Hoffnungen dieser Regierung allerdings im Nu zunichte machen: Man müßte auf eine Zentralgewalt in Deutschland überhaupt verzichten und dafür sorgen, daß sich in jeder Besatzungszone unter fester und gerechter Administration einer alliierten Macht von Grund auf eigenes neues demokratisches Leben entwickelt. Dieser Weg ist jetzt freilich schon viel weniger leicht zu beschreiten als noch vor einer Woche. Zweifellos wird Churchill heute abend in seiner Rundfunkansprache ein paar deutliche Wort dazu sagen. Besser als alle anderen weiß er, daß die alten deutschen Mächte keine Chance erhalten dürfen, bei ihrer neuen Niederlage ihre alten Tricks auszuspielen – und er ist auch entschlossen, das zu verhindern.

* Ernst Busch, Feldmarschall, war bei Kriegsende »Befehlshaber der Heeresgruppe Nordwest« in Hamburg.

Die unmittelbare Zukunft Deutschlands hängt gefährlich in der Schwebe, und das kurze Treffen der vier alliierten Kommandanten in Berlin hat die Ungewißheit eher verstärkt denn beendet. Zwei große Fragen, untrennbar miteinander verknüpft, warten dringend auf eine Entscheidung: Wie steht es mit der Einsetzung einer gemeinsamen Regierung der Alliierten über ganz Deutschland, und wie sollen die endgültigen Grenzen der Besatzungszonen verlaufen?

Auf dem Papier sind beide Fragen längst entschieden. In Berlin sollte eine Hohe Alliierte Behörde eingerichtet werden, die Deutschland in den Grenzen von 1937 regieren sollte. Unter dieser gemeinsamen politischen Führung sollten die militärischen Besatzungszonen aufgeteilt werden, wobei die Rote Armee bevorzugt bedient werden sollte.

In der Praxis ist keine dieser Maßnahmen planmäßig umgesetzt worden. Während die Bildung des Alliierten Kontrollrats in Berlin sich immer noch hinzieht, haben die Russen dem Lubliner Komitee erlaubt, große Teile des deutschen Reichsgebiets von 1937 abzutrennen, und dadurch die Umsetzung der ursprünglichen Vereinbarungen sehr erschwert. Bevor diese neuen Unstimmigkeiten nicht bereinigt sind, halten es weder die britische noch die amerikanische Armee für angebracht, die Gebiete Mittel- und Norddeutschlands zu räumen, die sie im Verlauf der Kampfhandlungen besetzt haben, obwohl der Gesamtplan diese Gebiete der Roten Armee zuspricht.

Das Treffen in Berlin wurde abgebrochen, als die Russen als Vorbedingung für jede politische Diskussion den Rückzug der anglo-amerikanischen Truppen aus diesen Gebieten verlangten. Es wäre einfach, aber sinnlos, hier nun mit allen möglichen Vorwürfen und Gegenvorwürfen zu argumentieren. Betrachten wir lieber das Problem, wie es sich wirklich darstellt.

Die grundsätzliche Frage ist, ob, wie ursprünglich vereinbart, eine gemeinsame Herrschaft der Alliierten über ganz Deutschland möglich ist. Wenn ja, dann ist die Stationierung der alliierten Truppen in den verschiedenen Zonen von rein militärischer, mithin untergeordneter Bedeutung. Wenn aber kein Alliierter Kontrollrat gebildet werden kann oder wenn er zu einem Schattendasein verdammt ist, während die Zentren des politischen Lebens und des Wiederaufbaus in den vier Zonen entstehen, bekommt der Grenzverlauf dieser Zonen entscheidende Bedeutung und muß mit größter Sorgfalt neu bedacht werden.

Allgemein gesagt, bedeutet die Umsetzung der ursprünglichen Planungen ein vereintes Deutschland, während eine Vorgehensweise nach den russischen Vorschlägen auf dem Berliner Treffen unweigerlich – ob mit Absicht oder weil nichts anderes möglich ist – zur Zerstückelung des Deutschen Reiches führen würde.

Das Abkommen von Jalta bildete die Grundlage der Maßnahmen, auf die sich die Alliierten geeinigt hatten, und eigentlich müßte es auch immer noch in die Praxis umgesetzt werden können. Doch angesichts der diplomatischen Beziehungen der Hauptalliierten besteht in letzter Zeit nicht viel Grund zum Optimismus: will man verantwortlich handeln, muß man sich jetzt auf eine Situation vorbereiten, in der eine wirklich zentrale alliierte Regierung für Deutschland nicht zustande kommt.

Tritt der Fall nämlich ein, ist im wesentlichen eine Grenzziehung gefordert, die jeder Zone eine reelle Chance zur politischen Konsolidierung als geschlossene Einheit gibt, doch so – ebenso wichtig! –, daß keine der alliierten Mächte in Versuchung geführt wird, von ihrer Zone aus ihren politischen Einfluß auf ganz Deutschland auszudehnen. Unter diesen Prämissen erscheint die Ausdehnung der russischen Besatzungszone über die Elbe hinaus nach Mitteldeutschland, ohne die vereinbarte Einrichtung einer alliierten Regierung für ganz Deutschland in den Grenzen von 1937, in einem völlig anderen Licht.

Deutschland ist zu Recht mit einer Orange verglichen worden, die ganz natürlich in ihre einzelnen Scheiben zerfällt, wenn man sie schält und an der richtigen Stelle mit dem Messer hineinsticht. Eine dieser natürlichen Trennungslinien ist in etwa der Verlauf der Elbe. Zwischen dem ursprünglichen, ostelbischen Preußen und dem übrigen Deutschland bestehen große, historisch gewachsene politische, kulturelle und Mentalitätsunterschiede, die bis heute deutlich spürbar sind. Wenn die Trennlinie zwischen dem ostelbischen Preußen und den zum alten Deutschen Bund gehörenden Ländern westlich der Elbe (von denen die meisten noch bis 1866 mit Preußen Krieg führten) verliefe und man diese beiden Gebiete unter verschiedene politische und ideologische Einflüsse stellte, könnten sie sich unter Umständen leicht und ihrem Wesen entsprechend neu orientieren.

Ganz anders sieht es aus, wenn Mecklenburg, Anhalt, Thüringen und die beiden Sachsen zu Preußen kämen. Diese Länder sind Herz und Zentrum Deutschlands und würden einen großen Mittelblock bilden, der starke Anziehungskraft für den Rest haben würde – besonders das Rheinland und seine Nachbarn Westfalen und Hessen, Regionen ohne eigene lebendige staatliche Tradition und politisch so schwach und konturlos wie ökonomisch und kulturell reich. Selbst wenn dann auch noch ein unabhängiges Bayern und Hannover auf die Beine gestellt würde, würden diese wie kleine unbedeutende Splitterstaaten dastehen – auch für ihre eigenen Bürger. Unmittelbar neben einem großen zentralen deutschen Block wäre ihre Eigenständigkeit außerdem ständig bedroht.

Solange es also noch keine Zusage für eine gemeinsame Regierung der Alliierten über ganz Deutschland gibt, ist es durchaus relevant, ob der westlich der Elbe liegende Teil Mitteldeutschlands der russischen Zone zugeschlagen wird: Es könnte ein entscheidender Schritt in Richtung Wiedervereinigung Deutschlands unter russischer Führung sein. Und diese Perspektive sollte man nicht auf die leichte Schulter nehmen.

* Lubliner Komitee: Das »Polnische Komitee für die Nationale Befreiung« (sog. Lubliner Komitee) wurde von der Sowjetunion als provisorische Regierung – im Gegensatz zur polnischen Exilregierung in London – favorisiert und schließlich auch im Januar 1945 als einzige Repräsentanz Polens anerkannt.

* Die Konferenz in Jalta (Krim) fand vom 5. bis 11. Februar 1945 statt. Beteiligt waren die USA, UdSSR und Großbritannien.

»Ribbentrop?« fragte Lord d'Arbernon und betrachtete eine Visitenkarte, die in der britischen Botschaft in Berlin abgegeben worden war. »Wer ist denn das? Ein Beamter aus dem Außenministerium?«

»Nein«, erwiderte seine Sekretärin. »Ein Weinhändler. Ein ehrgeiziger Weinhändler, der gesellschaftliche Beziehungen zum diplomatischen Corps knüpfen möchte.«

»Ach, jetzt erinnere ich mich«, sagte Lord d'Abernon. »Ich habe ihn gestern beim Tee in der amerikanischen Vertretung kennengelernt. Dann sind Weinhändler in Berlin überall gern gesehene Gäste, auch wenn man keine Geschäfte mit ihnen betreibt?«

Seine Frage war berechtigt. Mitte der zwanziger Jahre war die Berliner Gesellschaft bunt zusammengewürfelt und unkonventionell, eher amüsant als wohlanständig, sehr liberal bei Referenzen und voll neureicher Emporkömmlinge, Aufsteiger und Glücksritter jedweder Couleur. In dieser Gesellschaft war Joachim Ribbentrop – »von«, seit er sich 1925 von einer adligen Tante hatte »adoptieren« lassen – groß geworden, sie war sein Jagdrevier.

*

Ihn als Windhund zu bezeichnen wäre nach Berliner Maßstäben sicher zu streng gewesen. Schließlich verhökerte sein Vater keine Schnürsenkel in Bessarabien. Ribbentrop kam aus einer angesehenen bürgerlichen Familie – kleine Landbesitzer, Offiziere, Beamte. Seine Frau stammte aus einer rheinischen Fabrikantendynastie – daß diese ihre Heirat nicht billigte, ging ja niemanden was an. Ribbentrops Adelstitel, wenn auch nicht vom Gotha anerkannt, konnte notfalls immer ins Feld geführt werden: Es hatte tatsächlich einmal einen adligen Zweig von Ribbentrop gegeben, der von einem

Offizier abstammte, der sich in den Napoleonischen Kriegen ausgezeichnet hatte. Die Tante trug ihren Titel zu Recht. Wie dem auch sei, seine Festivitäten bezahlte Ribbentrop mit eigenem Geld, ehrlich mit dem Weinhandel verdient, wenn auch dessen Anfänge ein wenig im Dunkel lagen. Man munkelte damals Anfang der Zwanziger von Schiebungen mit Versorgungsoffizieren der alliierten Besatzungstruppen im Rheinland. Doch das war Schnee von gestern, in der Berliner feinen Gesellschaft gab es viele schillernde Gestalten, deren Vermögen aus weit zweifelhafteren Quellen stammte. Ribbentrop konnte sich durchaus einbilden, daß ihm ein Platz an der Sonne zustand.

Und er bekam ihn. 1920 war er ein Niemand. 1930 gehörte er anerkanntermaßen zur – wenn auch nicht ganz prominenten – Berliner Gesellschaft. Indem er beharrlich mit den Leuten verkehrte, deren Namen die Klatsch- und Tratschspalten der Boulevardpresse füllten, wurde er schließlich als einer der Ihren akzeptiert.

Politisch hielt er es eher mit der Rechten, das wurde in der Weimarer Republik für klug gehalten; und für Ausländer, die von diesem Schauspiel immer entzückt waren, mimte er gern mal den glühenden adligen Monarchisten. Aber auch mit Salonlinken verstand er sich bestens. (Der preußische Staatssekretär Weißmann war eine seiner heißesten »Beziehungen«.) Mit Pöbel wie den Nazis ließ er sich nicht ein. Das änderte sich 1930, als deren Partei sehr »im Kommen« war. Diskret trat er ein und trug das Hakenkreuz unterm Revers.

*

Im Frühjahr 1932 konnte das Haus Ribbentrop einen neuen Gast begrüßen. Hoch erfreut rief Frau Ribbentrop ihre Freundinnen an: »Heute speist der Mann bei uns zu Abend, von dem ganz Deutschland spricht!« Von dem Diner sind keine Berichte überliefert, doch es muß ein Erfolg gewesen sein, da man sich häufig wiedertraf. Hitler redete über Kunst und

Musik und stellte fest, daß diese vornehmen, kultivierten Leute ihn mochten und schätzten. Ja, sein aristokratischer Gastgeber mit seinen vielen Beziehungen bis in feinste diplomatische Kreise hinein hatte Ideen, die in ihrer phantastischen Verachtung für Konventionen fast so kühn waren wie seine eigenen.

Ribbentrop war in der Partei immer noch ein Außenseiter, als Hitler ihn zum Sonderbotschafter für Abrüstungsfragen ernannte. Viele seiner alten jüdischen und republikanischen Bekannten betrachteten ihn trotzdem noch als ihren Mann. Am 1. April 1933, dem Tag des Boykotts gegen jüdische Geschäfte, lud er einige von ihnen zu einer Privatgesellschaft im Hotel Adlon ein und versicherte ihnen, es sei alles nicht so ernst gemeint. »Dieser Ribbentrop verhält sich wie ein Gentleman«, schrieb einer seiner einstmaligen jüdischen Gönner im Oktober 1933. Vier Jahre später vermerkte derselbe Mann: »Joachim verhält sich wie ein Schwein.« Während dieser vier Jahre war Ribbentrop in der Hierarchie der Nazis hoch aufgestiegen und hatte, was den persönlichen Einfluß auf Hitler betraf, alle anderen überflügelt. Er sollte Außenminister werden. Er sollte Deutschland auf einen Kurs der offenen Aggression und des Krieges bringen.

*

1920 wurde er – ein gesellschaftlicher Aufsteiger am Fuß der Leiter – als angenehm zurückhaltender junger Mann mit guten Manieren beschrieben. 1930 ist er ein gewiefter, ein wenig aufgedunsener Bonvivant, einen Hauch zu selbstgefällig, unangenehm verschieden in seinem Verhalten gegenüber »Beziehungen« und gegenüber anderen Menschen, doch immer noch sehr charmant gegenüber ersteren. Ende der dreißiger Jahre dann hat er etwas Grobes, Vulgäres, absichtlich Pöbelhaftes und Ruppiges, gerade gegenüber den Menschen, um die er früher herumscharwenzelte. Er ist auch eigenartig nachtragend; ein Snob hat natürlich viele versteckte Demütigungen geschluckt, für die er sich rächen muß. Der Pseudo-Adlige trampelt auf den echten Aristokraten im deutschen Außenministerium, nun, da sie seine Untergebenen sind, gemütlich herum.

Ein österreichischer Adliger aber, der sich einmal geweigert hat, ihn einzuladen, wird sogar in Dachau ermordet, seine Familie aus dem Schloß geworfen und das Schloß mit allem Drum und Dran von Ribbentrop in Besitz genommen – und etwas von dem alten Ribbentrop scheint durch, wenn er ein paar Monate später vor ausländischer Gesellschaft vom »Schloß meiner Vorfahren« schwadroniert. Er macht sich einen Spaß daraus, Botschafter warten zu lassen oder sie im Kasernenhofton anzuschnauzen. Dabei hätte er einst jede Summe bezahlt, um sie zu seinen »Beziehungen« zählen zu dürfen.

*

Die Laufbahn des wahren Snobs ist eigenartig ziellos. Ist es vielleicht das wirkliche Ziel und die größte Genugtuung, daß man sich an denjenigen rächt und sie demütigt, die man früher als gesellschaftlich Überlegene umgarnt hat? Und war das womöglich die geheime, gemeinsame Basis, auf der sich diese äußerlich so verschiedenen Typen, der Snob Ribbentrop und der Außenseiter Hitler so hervorragend, so gespenstisch gut verstanden? Und trieb dieser heftige Drang – das Bedürfnis, Menschen, die man lange nur getäuscht und umworben hatte, zu beleidigen, diese »höheren Sphären«, zu denen man sich endlich Zutritt verschafft hatte, zu verhöhnen – trieb dieser krankhafte Drang aller beiden vielleicht zu der wahnsinnigen Politik, mit der sie eine Welt, die eigentlich nichts als Frieden will, mit Krieg überziehen und ihr eigenes Land in den Abgrund stürzen?

* Anton Weißmann war ein aus Baden stammender SPD-Politiker

Was wird aus Deutschland? *5. August 1945*

Was das Potsdamer Abkommen so radikal von allen früheren Erklärungen zum selben Thema unterscheidet, ist die Tatsache, daß es die ersten Schritte für ein konstruktives Vorgehen enthält. Zuvor lag die Betonung nur auf Zerstörung: Ausrottung des Nationalsozialismus, des Militarismus, Vernichtung der Kriegsindustrien etc., bestenfalls kam als halbherziger Nachgedanke: »Das deutsche Volk soll nicht ausgerottet werden.« Nicht, daß Potsdam das Programm der notwendigen Zerstörung abschwächt. Weit gefehlt! Doch neben seinen strikten, detaillierten Beschlagnahmeverordnungen und Verboten ist wahrhaftig zum ersten Mal auch so etwas wie ein positives Bild Deutschlands entstanden, eines Deutschlands, wie es neu entstehen und überleben soll: ein immer noch sehr bedeutendes Land, politisch und ökonomisch dezentralisiert, aber nicht zerstückelt, mit einer demokratischen Verfassung; mit einer stark reduzierten Industrieproduktion, aber weiterhin im Genuß eines durchschnittlichen europäischen Lebensstandards; mit einer Wirtschaft, die in der Hauptsache auf Landwirtschaft, Bergbau und Leichtindustrie beruht – ein großes Dänemark, könnte man sagen.

Dieses Deutschland ist nicht nur viel bescheidener als das von Hitler angestrebte aufgeblähte Reich; es ist sogar bescheiden im Vergleich zu dem Deutschland Bismarcks oder Weimars. Was nicht heißt, daß es gänzlich hoffnungslos und trostlos aussieht, und es ist auch nicht vollständig abgetrennt von der deutschen Tradition. In mancher Hinsicht könnte man dieses zukünftige Deutschland als moderne Version des Deutschen Bundes beschreiben, der 1815 nach den Beschlüssen des Wiener Kongresses gegründet wurde.

Das Potsdamer Abkommen gibt den Deutschen eine Chance. Es ist zwar in vieler Hinsicht noch ein Instrument der

Herrschaft, enthält aber verborgen in den vielen Paragraphen eine regelrechte Charta der Befreiung für die Deutschen: Freiheit für politische Parteien und Gewerkschaften, Versammlungs- und Redefreiheit, Presse- und Religionsfreiheit, freie Wahlen der politischen Vertretungen die – an der Basis beginnend – wiedergeschaffen werden sollen. Das sind alles Rechte, die die Deutschen seit dem Reichstagsbrand nicht mehr hatten. Auf jeden Fall etwas, an das die deutschen Demokraten sich in der großen und immer noch wachsenden materiellen, aus der Niederlage Deutschlands natürlich folgenden Not klammern sollten: an Freiheit und Hoffnung.

Insgesamt versprechen die Potsdamer Vereinbarungen die Periode von Chaos, Stagnation und dumpfer Verzweiflung zu beenden, die der Zusammenbruch des Dritten Reiches mit sich gebracht hat, und Deutschland wieder auf den Weg zu Ordnung, Arbeit, Normalität und Frieden zu bringen. Es mag ein langer Weg sein und allemal ein harter, doch die Entscheidung, ihn nun zu ebnen und Deutschland nicht weiter im Sumpf der Niederlage dahinvegetieren zu lassen, ist nicht nur großzügig, sondern auch klug. Denn bevor Deutschland nicht wenigstens Ansätze von Normalität wiedergewinnt, gibt es keinen wirklichen Frieden in Europa.

Leider enthält das Potsdamer Protokoll einen Abschnitt, der – unbeabsichtigt – all diese hoffnungsfrohen Perspektiven zunichte machen kann. Es handelt sich um die Vereinbarungen zu den Fragen der deutsch-polnischen Grenzziehung und Bevölkerungspolitik.

»Vereinbarungen« ist vielleicht nicht das richtige Wort. Denn die Oder-Neiße-Grenze zwischen Deutschland und Polen ist im Gegensatz zur Abtretung des nördlichen Ostpreußen an Rußland noch nicht endgültig festgelegt und soll erst auf der Friedenskonferenz abschließend geklärt werden. Doch in der Zwischenzeit bekommt Polen de facto unbegrenzte Macht über die Gebiete, die es beansprucht; und die

Aussiedlung der deutschen Bevölkerung aus Polen ist prinzipiell akzeptiert, wenn man Polen auch gebeten hat, die Vertreibungen fürs erste auszusetzen.

Sturmwolken ziehen über dem neuen Deutschland auf. Dabei soll hier gar nicht die Rede von der psychologischen Seite der Angelegenheit sein, sondern von ihren gravierenden praktischen Problemen. In den Provinzen östlich der Oder-Neiße-Linie lebten vor dem Krieg mehr als zehn Millionen Deutsche. Viele von ihnen flohen vor dem russischen Vormarsch im Winter und Frühjahr, doch viele sind auch geblieben. Wenn man die gegenwärtige deutsche Bevölkerung in den für Polen vorgesehenen Provinzen auf fünf Millionen ansetzt, ist das gering geschätzt. Zählt man noch die zwei Millionen Sudetendeutschen hinzu, die die Tschechoslowakei vertreiben will, bedeutet das, daß eines Tages mindestens weitere sieben Millionen notleidender Menschen nach Restdeutschland abgeschoben werden.

Rein praktisch kann Deutschland, zur Zeit eher ein Land von Höhlenbewohnern, nicht sieben Millionen Neuankömmlinge aufnehmen. Ökonomisch kann es sie auf keinen Fall integrieren – schon gar nicht in eine Wirtschaft, die durch Demontage der Industrieanlagen, Reparationszahlungen und den Verlust einiger ihrer reichsten Provinzen drastisch reduziert ist. Die Zuwanderer würden für immer arbeitslos, für immer notleidend und – für immer politischer Sprengstoff sein. Die Ankunft dieser sieben Millionen könnte für ein schwer ausgeblutetes, schwaches, auf dem Weg der Erholung befindliches Land tödlich sein und auch die heilende Wirkung von Potsdam zunichte machen.

Das gestehen wir uns besser jetzt ein, da noch Zeit ist, etwas dagegen zu tun. Ohne jeden Zweifel ist Polen nicht in der Lage, die verwaisten Gebiete mit seiner eigenen Bevölkerung aufzufüllen und zu besiedeln. Wenn man es jedoch auch auf diplomatischem Wege nicht bewegen kann, seine

Ansprüche herunterzuschrauben, gibt es nur einen Ausweg: die Organisation einer deutschen Emigration nach Übersee in großem Maßstab – entweder der Schlesier und Pommern selbst oder einer entsprechenden Anzahl anderer Deutscher. Doch wo könnten sie hingehen? Das große Auffangbecken, das die Vereinigten Staaten im neunzehnten Jahrhundert darstellten, steht nicht mehr bereit; die britischen Dominions haben nur eine begrenzte Aufnahmekapazität und werden gebürtigen Briten natürlich Vorrecht gewähren. Südamerika nimmt vielleicht ein paar Deutsche, aber jede wirkliche Lösung des Problems durch Migration scheint in weiter Ferne zu liegen. Die Alternative aber kann sehr gut das Scheitern der Potsdamer Beschlüsse für Deutschland sein, und damit wäre eine große Chance auf Stabilität und Frieden in Europa zunichte gemacht.

* Die Potsdamer Konferenz der Regierungschefs der USA, UdSSR und Großbritanniens fand vom 17. Juli bis 2. August 1945 statt.

Frankreich und die deutsche Frage *16. Dezember 1945*

Mit jedem Tag wird deutlicher, daß der Versuch, in Potsdam über Deutschlands Zukunft zu entscheiden, ohne die Haltung Frankreichs dazu zu berücksichtigen, ein schwerer Fehler war. Sollte er bei dem nächsten Treffen in Moskau wiederholt und Frankreichs Protest erneut arrogant ignoriert werden, wäre das eine Katastrophe. Denn selbst wenn das Potsdamer Abkommen der Gipfel an Weisheit und die französischen Einwände ausgesprochen dumm wären, verbietet uns die bloße Tatsache, daß letztere ernsthaft und leidenschaftlich vorgetragen werden, sie zu übergehen. Kein europäisches Abkommen, sei es gut oder schlecht, das – aus welchem Grund auch immer – weder von Deutschland noch von Frankreich unterzeichnet wird, hat auch nur den Hauch einer Chance. Und da Deutschland einem Abkommen wie dem von Potsdam niemals zustimmen wird, ist die Zustimmung Frankreichs unverzichtbar.

Dabei ist keineswegs sicher, daß das Potsdamer Abkommen in seinen wesentlichen Punkten besser ist als der französische Plan für Deutschland. Das Potsdamer Abkommen enthält nur eine Entscheidung, die irreversibel ist: die Abtrennung Ostpreußens, Pommerns, Schlesiens und des östlichen Brandenburg vom restlichen deutschen Staatsgebiet. Damit allein hat Deutschland dauerhaften Grund zur Klage und wird zu einer ebenso dauerhaft unzufriedenen Macht, die neue Verhandlungen verlangt.

Die Gefahr für den Frieden, die aus dieser Vereinbarung über die Ostgrenze erwächst, kann man auf zweierlei Weise entschärfen. Einerseits könnte man Rumpfdeutschland so gründlich und nachhaltig schwächen, daß es auch nicht mehr im Traum daran denken würde, wiedererobern zu wollen, was es verloren hat. Andererseits (was humaner und konstruktiver wäre) könnte man diesem Rest Deutschlands eine neue politische Orientierung und eine neue positive Bestimmung geben, wodurch es die Verluste im Osten mit der Zeit vergessen würde. Das Potsdamer Abkommen sieht keinen dieser Lösungswege vor.

Der zweite wird nicht einmal in Erwägung gezogen. Es gibt in dem gesamten Abkommen nicht den kleinsten Hinweis darauf, daß es denkbar wäre, aus Westdeutschland etwas anderes als ein Anhängsel von Rumpfpreußen mit dem Zentrum Berlin zu machen. Dabei ist es doch nur logisch, daß Berlin, jahrhundertelang die Hauptstadt Brandenburg-Preußens und dann die Hauptstadt Deutschlands, niemals Pommern und Schlesien, das östliche Brandenburg und Ostpreußen vergessen kann. Für Hamburg, Frankfurt und München sind diese Gebiete weit entlegene Außenposten, beinahe Kolonien; für Berlin sind sie das Herz des preußischen Staates, der wiederum für Berlin das Herz Deutschlands ist. Wenn Hamburg, Frankfurt und München dagegen mit dem Westen versöhnt werden, zu Wohlstand gelangen und dauerhafte Beziehungen mit anderen Städten in Europa entwickeln können, finden sie zu gegebener Zeit vielleicht zu einer Neubestimmung und vergessen das im Grunde preußische und nicht deutsche Desaster. Doch im Potsdamer Abkommen ist ihre permanente Abhängigkeit von einem Berlin beschlossen, das unversöhnlich mit seinem Schicksal hadert.

Dadurch bleibt nur der zweite und grausamere Weg, die aus der Festsetzung über die neuen Ostgrenzen drohende Gefahr abzuwenden: Rumpfdeutschland weiter zu schwächen. Das soll, nach dem Potsdamer Abkommen, durch die Demontage der Schwer- und chemischen Industrie an Rhein und Ruhr erreicht werden. Mit dieser Maßnahme erreicht man aber nur, daß die Deutschen noch verbitterter werden und, nebenbei, die wirtschaftliche Erholung nicht nur Deutschlands, sondern ganz Westeuropas verzögert wird.

Deutschland nachhaltig zu schwächen und sein Kriegspotential zu zerstören, wird nicht gelingen. Wer will eigentlich mit Deutschland Krieg führen, wenn es in zehn oder fünfzehn Jahren, oder noch früher, beginnt, seine, wie die halbe Welt sagen wird, geplünderten Fabriken wiederaufzubauen?

Mit anderen Worten: Das Potsdamer Abkommen liefert Deutschland das Motiv und beläßt ihm langfristig auch das Potential, gegen dessen Bedingungen vorzugehen. Und der erste Vorstoß zur Revision würde sich wie 1914 und 1940 gegen Frankreich richten, gegen die eine Macht, die in Potsdam nicht konsultiert wurde.

Die französischen Gegenvorschläge befassen sich natürlich in erster Linie mit der Sicherheit Frankreichs. Frankreich wäre zufrieden, wenn die in Potsdam als zeitweilige Maßnahme vorgesehene Schwächung Rumpfdeutschlands dadurch erfolgen würde, daß die Industriegebiete an Rhein und Ruhr dauerhaft der zentralen Regierungsgewalt in Berlin entzogen würden. (Das wäre auf einer menschlichen Ebene sogar freundlicher als das im Potsdamer Abkommen Beschlossene, denn es würde eine großangelegte Demontage von Produktionsanlagen und darauf folgende Armut und Massenarbeitslosigkeit in der Region verhindern.)

Außerdem hat der französische Plan den großen Vorteil, daß er eine konstruktivere Lösung des deutschen Problems nicht ausschließt: nämlich Westdeutschland zum Partner in einer westeuropäischen wirtschaftlichen, politischen und kulturellen Gemeinschaft von Nationen zu machen und damit wenigstens die Feindschaft zwischen Frankreich und Deutschland zu beenden, die in den letzten hundert Jahren als Fluch über Europa lag. Napoleons Rheinbund, der erste Versuch einer französisch-deutschen Aussöhnung in dieser Richtung, scheiterte letztendlich am eisernen preußischen und österreichischen Widerstand. Heute, da sowohl Preußen als auch Österreich keine Großmächte mehr sind, die die

Gründung eines Rheinbundes verhindern könnten, hat ein solcher Plan vielleicht bessere Aussichten auf bleibenden Erfolg. Gewiß würde es den Bewohnern Westdeutschlands besser gehen, wenn sie in Frieden und Freundschaft mit ihren Nachbarn in einem Rheinbund lebten, als wenn sie zu einem verstümmelten, rachsüchtigen preußisch-deutschen Reich gehörten, das natürlich mit nichts anderem beschäftigt wäre als der Wiedererlangung seiner Ostgebiete und deshalb von allen seinen Nachbarn immer verdächtigt, gefürchtet und gehaßt würde.

Andererseits würde eine Rheinbundlösung ein unzufriedenes Rumpfpreußen übriglassen. Ob sich dieser preußische Rumpfstaat nach einer gewissen Zeit als östliches Hinterland Westdeutschland wieder zugesellen oder ob es eine vernünftige Beziehung zu seinen Nachbarn Polen und der Tschechoslowakei finden würde, kann man im Moment nicht sinnvoll diskutieren, geschweige denn entscheiden. Doch nach dem Abkommen über die deutsch-polnische Grenze ist eine ideale Lösung ohnehin unmöglich geworden. Jetzt gibt es nur noch die Wahl zwischen zwei Übeln, dem kleineren und dem größeren. Doch wenn jemand unzufrieden bleibt – sollte es dann nicht eher Rumpfpreußen als Frankreich sein? Ist es nicht besser, sich eine Zeitlang mit einem instabilen Gebiet zwischen Elbe und Oder abzufinden, als die anhaltende Instabilität und Unsicherheit ganz Europas zu besiegeln?

1946 bis 1949

Die UNO und die Großmächte

10. Februar 1946

Die Gründung der UNO vor einem Monat erfolgte offiziell mit großer Begeisterung, inoffiziell mit Skepsis. Welche Haltung erweist sich nun, da die erste Generalversammlung ihre Arbeit beendet hat, als angemessener?

Eine klare Antwort gibt es nicht. Formal war es ein Erfolg. Die Generalversammlung hat die umfassende Tagesordnung mehr oder weniger planmäßig abgearbeitet; sie hat, wie vorgesehen, den Sicherheitsrat und den Wirtschafts- und Sozialrat eingerichtet; sie hat gezeigt, daß sie funktionieren kann und daß die Traditionen von Genf – keineswegs nur schlechte Traditionen – immer noch sehr lebendig sind; ja, es war sogar ein ziemlicher Schock, wie lebendig sie sind.

Andererseits hat diese erste Sitzung mit den hochfliegenden Hoffnungen und Träumen aufgeräumt, daß die Generalversammlung sich in eine Art übernationales Weltparlament verwandeln könne. Sie hat offenbar ein für allemal das Prinzip begründet, daß die wichtigen politischen Entscheidungen im Sicherheitsrat und nicht in der Generalversammlung diskutiert und getroffen werden. Darüber wurde weder gestritten noch debattiert oder sonstwie beraten, sondern es ergab sich viel simpler und überzeugender: In dem Moment, in dem die UNO wirklich Gestalt annahm und zu arbeiten begann, war es so – zwangsläufig, und jeder sah es.

Wann immer der Sicherheitsrat oder einfacher, die Großen Drei, sich äußerten, war die Sache für die Vollversammlung erledigt. Mit einem Seufzer der Erleichterung verabschiedete sie den Kompromißvorschlag des Sicherheitsrats (de facto, wie gesagt, der Großen Drei) betreffs des Generalsekretärs; ohne große Debatte stimmte sie dem Moskauer Vorschlag zur Atomenergiekommission zu und unternahm auch nicht den geringsten Versuch, diese Kommission in ihren Zuständigkeitsbereich zu holen. Sie hatte ja schon alle Hände voll zu tun mit der laufenden Tagesordnung, unterband beherzt alle vereinzelten, unprogrammgemäßen Vorstöße einiger Mitglieder, politische Beschlüsse zu fassen, und verlängerte zum Schluß noch frohgemut den turnusgemäßen Termin für die nächste Vollversammlung um sechs auf neun Monate.

Nun, da wir das alles miterlebt haben, wirkt es völlig normal. Schließlich haben alle Ereignisse der letzten zehn Jahre die Kluft zwischen den großen und kleinen Mächten deutlich gemacht und vergrößert. Wie konnten wir da erwarten, daß die Versammlung der Kleinen den Großen mutiger entgegentrat als ihre Vorgänger in Genf? Außerdem ist eine Versammlung von einundfünfzig ausgewachsenen, nationalen Delegationen unweigerlich ein schwer zu bewegendes, langsam funktionierendes, träges Gremium, das einschneidende politische Vorschläge nicht sonderlich fix entwickeln kann. Hatten die Leute, die sich in San Francisco so mannhaft (und nicht ohne Erfolg) für größere Rechte der Generalversammlung schlugen, vergessen, daß diese höchstwahrscheinlich doch nie von diesen Rechten Gebrauch machen wollte? Wie dem auch sei, nun, da sich die Versammlung vertagt hat, der Sicherheitsrat aber weiter konferiert, wissen wir definitiv, daß wir uns, wenn in der internationalen Politik etwas passieren soll, stets an den Sicherheitsrat und nicht an die Vollversammlung halten müssen.

Das reduziert die UNO automatisch von einem übernationalen Machtinstrument zu einem internationalen Arbeitskomitee; denn der Sicherheitsrat bindet nicht einmal seine ständigen Mitglieder an seine eigenen Beschlüsse. Die haben ein Vetorecht. Und als er zum allerersten Mal praktisch tätig wurde – in dem Streit zwischen Rußland und Persien – zeigte sich ebenfalls, daß er unter keinen Umständen zu einem Gremium wird, in dem die Kleinen Schutz vor den Großen finden. Es sieht freilich auch nicht so aus, als könne er jemals zu einer besonders praktischen Waffe der Großen gegen einen aufmüpfigen Kleinen werden. Es spricht niemand mehr von seinen berühmten »Zähnen«. Diese Zähne, das ist nun klar, werden immer nur dann kräftig zubeißen, wenn die einzelnen Großmächte eine gemeinsame Politik durchsetzen wollen, was ja bisweilen sogar der Fall sein mag.

Allgemein gilt das Wort, daß der Sicherheitsrat nichts leisten kann, was nicht von allen seinen ständigen Mitgliedern gewollt wird. Er ist ein praktisches Instrument für gemeinsames Handeln, wenn man sich auf gemeinsames Handeln einigt; oder eben eine praktische lange Bank für Probleme (wie zum Beispiel die Kontrolle der Atomenergie), die alle auf die lange Bank schieben wollen.

Oder ist er doch mehr? Vielleicht wird der britisch-russische Streit über Griechenland zum Testfall für seinen tatsächlichen Nutzen. Noch ist es zu früh zu sagen, ob die Russen die Konsequenzen aus ihrem Auszug aus dem Sicherheitsrat ziehen und die Propagandakampagne stoppen, die sie wegen des Griechenlandproblems gegen die Briten angezettelt haben. Wenn ja, dann hat der Sicherheitsrat seine Prüfung als wirkungsvolle Schlichtungsinstanz für kleinere Kontroversen unter den Großmächten bestanden, dann hat er seinen Dienst getan, weil er die Möglichkeit zur öffentlichen Diskussion und Beseitigung eines nicht nur die Atmosphäre vergiftenden Konfliktherdes bot.

Zweifellos stellt er ein gutes Forum für solch offene Diplomatie dar – auch wenn die wirklich großen und lebenswichtigen Fragen nicht offen diplomatisch verhandelt werden können; sie werden weiter auf diskreterem Wege außerhalb der UNO erörtert und entschieden. Doch offene Diplomatie hat ihre Vorteile, um mit Pseudoproblemen und Scheingefechten fertigzuwerden, um unlautere internationale Propagandakampagnen zu entlarven und in Angelegenheiten, in denen die Mächte eine gewisse Handlungsfreiheit besitzen, die diplomatische und öffentliche Meinung auf der Welt zu erkunden, so daß die Beteiligten ihre Position eventuell modifizieren können. Für solche Zwecke kann der Sicherheitsrat das klassische Instrument werden.

Im großen und ganzen hätte es schlechter mit der UNO laufen können. Die Organisation wird gewiß nicht durch ihre bloße Existenz den Frieden auf der Welt sichern. Sie wird diplomatische Vereinbarungen zwischen den größeren Mächten nicht ersetzen, und sie wird auch in absehbarer Zeit kaum »die überragende Instanz in der Außenpolitik« werden, um es mit Attlees Worten auszudrücken. Doch als *eine* Instanz in der Außenpolitik der Großmächte hat sie sich etabliert.

* San Francisco: Am 25. April 1945 begann in San Francisco die Gründungskonferenz der »Vereinten Nationen« und endete am 26. Juni mit der Unterzeichnung der Gründungsurkunde der UNO. Die feierliche erste Generalversammlung fand im Januar 1946 in London statt.

* Streit Rußland-Persien: Persien rief im Dezember 1945 den UN-Sicherheitsrat an, weil mit Unterstützung der Sowjetunion eine autonome Regierung im damals zu Persien gehörenden Aserbeidschan gebildet wurde.

* Griechenlandproblem: Bei dem Versuch, die Regierungsgewalt zu übernehmen, geraten kommunistische Widerstandsorganisationen seit 1945 in militärischen Konflikt mit der britischen Besatzungsmacht, die die bürgerlichen Kräfte der Exilregierung unterstützt, während die Sowjetunion die griechischen Kommunisten fördert.

* Atomenergiekommission: Auf Beschluß der Generalversammlung vom 24.1.1945 in London sollte sie Vorschläge zur Beseitigung der Atomwaffen entwickeln. Die Sowjetunion verweigerte der UNO aber Kontrollrechte, die sie als »Eingriff in ihre inneren Angelegenheiten« definierte.

Ein Friedensplan

10. März 1946

Churchills Rede in Fulton war in gewisser Weise der verzweifelte Versuch, den Friedensplan zu retten, auf dem seine Politik schon zum Kriegsende hin basierte. Dieser Plan sah die vollständige Ausschaltung Deutschlands als Machtfaktor im Gleichgewicht der Welt vor, was andererseits natürlich eine sehr große Ausdehnung der Macht und des Einflusses Rußlands bedeutete. Um die darin steckenden Gefahren in Grenzen zu halten, enthielt Churchills Vorschlag einen dritten und wichtigen Punkt: den unzerreißbaren »brüderlichen Zusammenschluß« zwischen Großbritannien und Amerika, der aus den schon zu Kriegszeiten sich überschneidenden britischen und amerikanischen Interessen erwachsen sollte.

Unsere gegenwärtigen Probleme rühren aus dem teilweisen, aber eben nur teilweisen Erfolg dieses Plans her. Punkt 1 und 2 sind verwirklicht worden; Punkt 3 nicht. Das heißt, Deutschland liegt am Boden; Rußland ist ungeheuer viel stärker geworden, doch Großbritannien und Amerika haben sich seit Ende des Krieges militärisch, wirtschaftlich, politisch und in gewisser Hinsicht sogar diplomatisch stetig weiter voneinander wegbewegt. Die daraus entstandene Situation ist sowohl für die britischen Interessen als auch für die Friedensaussichten unbefriedigend und bedrohlich.

Vermieden worden wäre sie einzig und allein durch klügeres und bescheideneres Handeln der Russen. 1945 hätte Stalin es Bismarck gleichtun, Rußland für »saturiert« erklären und seine Kräfte auf die innere Entwicklung und Konsolidierung seines nun noch weiter ausgedehnten Reiches richten können, wobei ihn niemand auch nur im geringsten gestört hätte. Leider hat er das nicht getan, sondern seine Expansionspolitik unmittelbar nach dem Sieg der Alliierten in Europa fortgesetzt. Und als die russische Diplomatie nach der Moskauer Konferenz im letzten Dezember glauben konnte, sie habe nun endgültig einen Keil zwischen die beiden Westmächte getrieben, zettelte sie einen »kalten Krieg« gegen Großbritannien und das Britische Empire an. Seitdem befleißigt sich ihre weltweite Propaganda eines Tons blanker Feindschaft. Auf diplomatischer Ebene versäumt man keine Gelegenheit, uns anzugreifen und zu brüskieren; in allen Ländern bemüht man sich nach Kräften, unserer Politik und unseren Interessen zu schaden.

Dieser unangenehmen Situation müssen wir uns stellen. Dabei haben wir nicht mehr die Wahl, ob wir pro- oder antirussisch sein wollen. Die große Mehrheit der Briten wäre sicher ohnehin nichts lieber als prorussisch; doch leider hat sich Rußland offenbar längst entschieden, antibritisch zu sein.

Und genau deshalb trifft die Kritik an Churchills Rede sehr oft nicht den Punkt. Die mit der UNO oder einer britisch-russischen Verständigung verknüpften Erwartungen können durch die Rede nicht schlechter werden, als sie wegen der Politik der Russen schon sind. Und daß Churchills Lösungsvorschläge theoretisch plausibel sind, ist auch nicht von der Hand zu weisen. Bescheidenheit und Beschwichtigungsversuche, das ist nun schmerzlich klar, haben Rußland nicht von seinem gefährlichen Kurs abgebracht; woraus folgt, daß, wenn überhaupt etwas, nur die Demonstration überlegener Stärke es vermag; und auf der ganzen Welt ist das jetzt nur noch durch das Zusammengehen der Briten und Amerikaner möglich. Ein Bündnis dieser beiden wäre, wenn man gleichzeitig Rußland die Tür zur Kooperation über die UNO offenhielte, immer noch der beste Garant für den Frieden.

Aber ist ein Zusammengehen möglich? Und nach Churchills Rede sogar schon näher gerückt? Bisher deutet die amerikanische Reaktion darauf hin, daß dem nicht so ist; und insoweit ist auch die Kritik stichhaltig, daß die Rede im

Prinzip vernünftig war, doch offensichtlich nicht die in Amerika herrschende Stimmung getroffen hat.

Die gegenwärtige Dreierkonstellation zwischen Rußland, Großbritannien und Amerika ist der Vorkriegskonstellation Deutschland, Frankreich und Großbritannien nicht unähnlich, wobei Großbritannien sich in der früheren Position Frankreichs und Amerika in der Großbritanniens befindet. Dieser Vergleich sollte uns helfen, die amerikanische Gefühlslage zu verstehen. Wenn es hart auf hart kommt, kann Amerika sich genausowenig bieten lassen, daß Großbritannien und das Britische Empire von Rußland geschluckt werden, wie wir es uns bieten lassen konnten, daß Frankreich und das französische Kolonialreich an Deutschland und Japan fielen; doch so lange diese Gefahr nicht akut ist, steht uns Amerika so kritisch gegenüber, wie wir oft Frankreich gegenüber waren, und scheut vor Festlegungen und Zusagen genauso stark zurück wie wir damals. Wenn wir darauf drängen, treiben wir Amerika wahrscheinlich nur weiter von uns weg – besonders, da es ein Eingeständnis der Schwäche zu sein scheint, das durch die Sachlage gar nicht begründet ist.

Doch zu konstatieren, daß Churchills Appell ungehört verhallt ist, oder ihn zu kritisieren, wie Teile der Presse es tun, reicht nicht aus. Wir müssen eine alternative Politik entwickeln und ihr entsprechend handeln. Das heißt, wir müssen alle »verborgenen Kraftreserven« mobilisieren, die uns aus unserem Commonwealth und Empire und unseren gemeinsamen Interessen und Einstellungen mit unseren westeuropäischen Nachbarn und ihren Kolonien erwachsen. Es bedeutet enorme Anstrengungen in Richtung einer gemeinsamen Verteidigung, ökonomischer Entwicklung und politischem Umdenken. Es kann Maßnahmen zur Immigration und Umsiedlung großer Bevölkerungsgruppen erforderlich machen, die wir uns in dem Ausmaß nie vorgestellt hätten; und ganz bestimmt ist großes staatsmännisches Geschick vonnöten – nicht nur in London, sondern auch in Delhi, Ottawa und Canberra, ganz zu schweigen von Paris, Brüssel, Rom und Hamburg. Doch es ist der sicherste Weg, den Respekt potentieller Freunde ebenso wie potentieller Feinde zu gewinnen beziehungsweise wiederzugewinnen, den Aggressor abzuwehren und Herr des eigenen Schicksals zu bleiben.

Je robuster und unerschütterlicher unsere eigene Stärke und die Bindung an unsere unmittelbaren Nachbarn sind, desto wünschenswertere Partner sind wir für die Amerikaner und desto größer die Aussichten, daß eines Tages der Traum wahr wird, daß die westliche Zivilisation auf beiden Seiten des Atlantik zu einer politischen Einheit findet. Eine solche Union, die durch die UNO mit anderen großen politischen Blöcken in Beziehung träte, dem russischen und dem asiatischen, der um China herum entstehen könnte, gibt Anlaß zu überaus realistischen Hoffnungen auf einen Friedensplan in der schwierigen zweiten Jahrhunderthälfte, die vor uns liegt.

Die nächsten Schritte in Deutschland *31. März 1946*

Der Plan, den die Alliierte Kontrollkommission letzte Woche zur Zukunft der deutschen Industrie veröffentlichte, wird manchen enttäuschen. Schon der erste der vier Punkte, auf die Großbritannien offiziell seine Zustimmung zu dem Plan gründet – daß nämlich Deutschland als ökonomische Einheit erhalten bleibt –, entspricht nicht den Tatsachen, und es sieht auch mit jedem Tag weniger danach aus, als werde sich das in nächster Zukunft ändern. Doch der Plan trägt den Realitäten von heute und morgen insgesamt kaum Rechnung. Seine Urheber denken offenbar immer noch in Kategorien von 1943/44.

Sie wollen natürlich vor allem der Gefahr eines wieder erstarkenden, aggressiven Nationalismus in einem unabhängigen Deutschland vorbeugen – das wollen alle wichtigen Alliierten, und man darf diese Gefahr auch nie aus den Augen verlieren. Aber sie liegt eindeutig in weiter Ferne, während sich eine andere Bedrohung real und unmittelbar vor uns auftut und dieser Plan ihr nachgerade Vorschub leistet.

Die Bedrohung geht von dem kommunistischen Staat in Ostdeutschland aus, der im Entstehen begriffen und offen als Kernland eines kommunistischen Gesamtdeutschland gedacht ist. Womit wir uns – sollte das Vorhaben Erfolg haben – sofort der gefährlichen Situation gegenübersehen, vor der wir nach dem Hitler-Stalin-Pakt vom August 1939 standen. Wieder wären wir mit einem russisch-deutschen Block konfrontiert, der diktatorisch über ein riesiges Territorium gebietet. Und dieser Block würde noch nicht einmal durch ideologische Differenzen zwischen seinen beiden Hauptpartnern geschwächt, wie der Hitler-Stalin-Pakt von 1939 bis 41. Die Lage ist also ernst. Sie zu verhindern muß vorrangiges Ziel unserer Deutschlandpolitik sein.

Der Zusammenschluß der kommunistischen und sozialdemokratischen Partei in der russischen Zone ist ein fait accompli. Und der entstehende ostdeutsche Einparteienstaat, der von Rußland unverhohlen favorisiert wird – im Austausch für politische Zugeständnisse will man sogar auf umfangreiche Reparationsleistungen verzichten –, startet gerade jetzt einen mächtigen Propagandafeldzug für die »deutsche Einheit« und beschimpft alle Skeptiker als »Separatisten«.

Im Moment führen die Berliner Sozialdemokraten noch einen allerletzten, tapferen Kampf gegen den befohlenen politischen Selbstmord ihrer Partei. Aber es sieht ganz so aus, als sei ihre Sache verloren. Die Sache der Sozialdemokraten und anderen demokratischen Kräfte in Westdeutschland ist vielleicht aber noch nicht ganz hoffnungslos. Klar ist nur, daß sie – wenn überhaupt – die Demokratie nur im Rahmen des kleineren Westdeutschland, nämlich der momentan bestehenden drei Westzonen, bewahren können. Ein ernsthaftes psychologisches Handikap.

Denn wie viele Deutsche werden sich wohl, vor die Wahl zwischen politischer Freiheit und nationaler Einheit gestellt, für erstere entscheiden? Dabei haben sie zum jetzigen Zeitpunkt nicht einmal diese Wahl. Im Gegensatz zu den Russen bieten wir »unseren« Deutschen nämlich gar keine positive, klar umrissene politische und wirtschaftliche Zukunft, sondern stimmen blind den De-Industrialisierungsplänen zu, die im Endeffekt nur dazu dienen, das westliche, das industrielle Deutschland in Arbeitslosigkeit, Verzweiflung und mithin in die Arme des kommunistischen Ostens zu treiben.

Unser sofortiges Ziel sollte es sein, Westdeutschland, das heißt, die drei Westzonen, als *einen* demokratischen Staat aufzubauen, der ökonomisch mindestens so stabil und politisch so dynamisch ist wie das kommunistische Ostdeutschland. Das kann natürlich nur mit Zustimmung Frankreichs und der USA geschehen; doch die Hoffnungen auf eine solche von den westlichen Demokratien gemeinsam abgestimmte und unterstützte Deutschlandpolitik sind nach der Rede eines gewichtigen französischen Politikers in Straßburg um einiges besser geworden. Es gibt keinen triftigen Grund, die darin formulierten Hauptforderungen, die Internationalisierung des Ruhrgebiets und die langfristige Besetzung Deutschlands, abzulehnen. Es sollte nur gleichzeitig klargestellt werden, daß in einem unter internationaler Kontrolle stehenden Ruhrgebiet keine Demontagen mehr erfolgen und sich die militärische Besetzung, die beispielsweise für zwanzig Jahre festgelegt wird, auf ihre eigentlichen Aufgaben der Verteidigung gegen Angriffe von außen und des Einsatzes bei Unruhen im Inneren beschränkt. Eine »Militärregierung« über diesen rein militärischen Bereich hinaus sollte abgeschafft werden.

Es spricht auch nichts dagegen, daß in Westdeutschland innerhalb der nächsten sechs Monate freie Wahlen stattfinden, so daß es in weiteren sechs Monaten eine eigene demokratische Regierung hat, in der nur die Ämter des Kriegs-, Luftfahrt- und Marineministers von den Oberbefehlshabern der Besatzungstruppen übernommen werden. Mit der demokratischen deutschen Regierung könnten dann die Nachbarn die notwendigen Friedens-, Bündnis- und Handelsverträge abschließen.

Wenn all das utopisch klingt, zeigt das nur, wie weit wir schon vom Wesentlichen entfernt sind. Eine positive, mutige Politik muß her, um die Situation zu retten. Noch ein Jahr wie das vergangene, noch ein paar Schritte auf dem Weg, den wir in Potsdam eingeschlagen haben, und wir finden uns einem vereinigten, kommunistischen, feindlichen, rachsüchtigen Deutschland gegenüber, das mit einem argwöhnischen und vielleicht unfreundlichen Rußland in bestem Einvernehmen lebt. Haben wir dafür Krieg geführt?

Die Geheimnisse der Verschwörung des 20. Juli

21. Juli 1946

Die in Großbritannien vorherrschende Meinung über die Ereignisse in Deutschland vor zwei Jahren, am 20. Juli 1944, als man ein Bombenattentat auf Hitler verübte, kann man in drei Thesen zusammenfassen. Erstens glauben die meisten Leute, es habe sich um einen »Aufstand der Generäle« gehandelt. Sie gehen zweitens davon aus, daß die Motive der Militärs lediglich in der hoffnungslosen militärischen Situation Deutschlands lagen und das Ziel nicht weiter gesteckt war, als mit einem blauen Auge aus dem verlorenen Krieg davonzukommen, und meinen drittens, daß der Aufstand, da ohnehin gescheitert, nur von bescheidenem historischen Interesse ist und absolut keine Bedeutung für Gegenwart und Zukunft hat.

Die Rolle des Soldaten

Alle diese drei Auffassungen sind falsch. Die wahren Hintergründe des 20. Juli sind großenteils immer noch unbekannt. Was womöglich auch so bleiben wird, weil fast alle Protagonisten dieses tragischen Tages tot sind. Doch immerhin steht mittlerweile fest, daß die Rolle der Generäle am unwichtigsten und problematischsten war, die Pläne zu der Verschwörung, unabhängig von der militärischen Situation, über mehrere Jahre reiften und die Ziele auch nicht kurzfristig und opportunistisch, sondern langfristig und im weitesten Sinne politisch und moralisch waren. Und schließlich bleibt der »20. Juli« trotz seines Scheiterns und trotz – oder vielleicht gerade wegen – des Martyriums und Todes seiner Akteure weiterhin einer der mächtigsten Faktoren, die den Charakter des kommenden Deutschland und den dort herrschenden Geist mitbestimmen. Aber es wird wohl noch einige Zeit vergehen müssen, bevor die Saat, die damals gesät worden ist, sichtbare Früchte trägt.

Richtig ist, daß in den Ereignissen des Tages selbst, die Militärs – ein paar Generäle, sehr viel mehr Oberste und rangniedere Offiziere – am stärksten in Erscheinung getreten sind. Schließlich mußten sie die Ausführenden des geplanten Staatsstreichs sein. Doch dem genauen Betrachter der Ereignisse wird klar, daß die meisten wirklich nur Ausführende waren – noch dazu konfuse. Nur sehr wenige wie die Generäle Beck und Olbricht und besonders Oberst Graf Stauffenberg – der die Bombe legte und nach Aussagen aller ein sehr außergewöhnlicher Mensch gewesen sein muß – bildeten den »militärischen Flügel« der Verschwörung und wußten genau, was sie wollten. Die meisten anderen, die halb eingeweiht, halb überzeugt, oft bis zum Ende versuchten, es mit keiner Seite zu verderben, vermasselten es. Ja, ihre Stümperei hat eher zum Mißerfolg des ganzen geführt als Hitlers Glück, und das steht, im nachhinein betrachtet, auch mit Recht als Tatsache im Vordergrund.

Die treibende Kraft

Hinter den Attentätern stand indes eine große und sehr andere Gruppe von Männern – sie waren der eigentliche Motor der Verschwörung, versuchten seit Jahren, die zögernden Militärs zu Entscheidung und Aktion zu drängen, und hatten die Pläne zur Beseitigung des Hitlerismus vorbereitet, die der physischen Liquidierung Hitlers folgen sollte. Sie bekamen keine Gelegenheit, diese Pläne zu verwirklichen. Nach dem Fehlschlagen des Militärputsches konnten sie nur noch für ihre Sache sterben – und so starben sie dann auch, zu hunderten, fast alle nach langer Folter und fast alle mit großem Mut und großer Würde.

Die Hinrichtungen zogen sich von den ersten Augusttagen 1944 bis Ende April 1945 hin. Erst nach Kriegsende wurde bekannt, daß in dieser Zeit beinahe die gesamte politische Elite Anti-Nazi-Deutschlands ausgelöscht worden ist. Die allmähliche Bildung dieser Elite aus vereinzelten und politisch voneinander isolierten Gruppen während einer Periode von sechs Jahren war eine bemerkenswerte Leistung. Doch mit dem Ergebnis, daß ihre Mitglieder desto leichter gefaßt und allesamt umgebracht werden konnten.

Das erklärt, warum heute in der deutschen Politik die Talente so dünn gesät sind. Die Besten sind fast alle tot. Darunter erfahrene, hochgeachtete Staatsmänner und Diplomaten wie Goerdeler, Leuschner, Graf Schulenburg, Graf Bernstorff sowie jüngere Männer, auf denen die größten Hoffnungen für ein Deutschland nach dem Nationalsozialismus ruhten – Männer wie Leber, Haubach, von Trott, Graf Moltke, Bonhoeffer und Pater Delp, um nur einige zu nennen.

Anständige Leute

Die Geschichte ihrer Bewegung muß noch geschrieben werden. Sie wird zeigen, wie die verschiedenen politischen Traditionen langsam zu einer neuen Einheit verschmolzen, die heute wieder verloren gegangen zu sein scheint – eine Einheit, für die insbesondere das Zusammengehen christlicher Konservativer mit Gewerkschaftern und Sozialdemokraten charakteristisch war, und die schon einmal, in den entscheidenden Tagen vor 1933, einen kurzen Moment lang wie eine rettende Fata Morgana am Horizont erschienen war. Doch die Gruppierung, die in den Zeiten Schleichers und Leiparts kaum mehr als ein taktisches Bündnis gewesen wäre, nahm in der politischen Bewegung, die zu den Ereignissen des 20. Juli führte, klare, feste Gestalt an. Ein anderer bedeutender Entwicklungsstrang führte von Goerdelers erster Idee einer lediglich moralisch einigen, aber politisch diffusen »Front der Anständigen« zu den fest umrissenen, voll ausgearbeiteten politischen Programmpunkten, die schließlich im August 1943 in den sogenannten »Kreisauer Papieren« niedergelegt wurden. (Die Verschwörer trafen sich häufig auf dem Gut Kreisau der Familie des Grafen Moltke in Schlesien, und Pfingsten 1943 wurde sogar dort etwas abgehalten, das einem Geheimparlament sehr nahe kam. Anwesend waren Repräsentanten der verbotenen Gewerkschaften ebenso wie beider Kirchen, junge Konservative und einige der Verschwörer aus dem Militär.)

Die noch unveröffentlichten »Kreisauer Papiere« sind eine traurige, faszinierende Lektüre. Traurig, weil so viele ihrer Vorstellungen nun in der chaotischen Von-der-Hand-in-den-Mund-Politik im viergeteilten Deutschland verloren zu gehen drohen. Faszinierend, weil es sich oft um nichts anderes als eine speziell deutsche Version europäischer Ideen handelt, die zu der Zeit auch in Gruppen der französischen Résistance und in Großbritannien entstanden. Wobei die Idee vielleicht am verblüffendsten war, daß sich – »innen und außen« – kleine und übersichtliche Gemeinwesen gleichzeitig mit größeren, umfassenderen politischen Einheiten entwickeln sollten.

Ein Plan für Deutschland

Die politischen Köpfe dieser deutschen Opposition wollten Europa enger aneinanderbinden und gleichzeitig Deutschland lockerer gliedern. Ihr Plan für ein föderatives Deutschland – mit den Zentren des politischen Lebens in den wieder gebildeten Ländern oder sogar noch weiter unten in den Städten und Landkreisen – hat auch eine gewisse Affinität zu aktuellen britischen und amerikanischen Vorstellungen. Man würde das ganze aber mißverstehen, wenn man es aus dem europäischen Kontext lösen würde, in dem seine Verfasser es sahen – dem Kontext eines vereinten Europa, in dem übernationale Institutionen wie Kirchen, Universitäten und Gewerkschaften in jedem Land die Hauptsäulen und mächtiger und unabhängiger als jetzt wären. Die Überlegung, »Rechtsschändern« (Verbrechern gegen die Moral) vor nationalen und internationalen Gerichtshöfen den Prozeß zu machen, wobei man sich auf das Naturrecht zurückbesinnen würde, ist eine interessante – vielleicht sogar bessere – Parallele zur Charta von Nürnberg.

Andere, sehr eigene Punkte sind der angestrebte Kompromiß zwischen den sozialistischen und katholischen Lösungsvorschlägen zur sozialen Frage in einer Industriegesellschaft und der Versuch, die Demokratie vor den Gefahren der Massenpropaganda und Massenorganisation zu schützen, indem man die kleinen Kommunen zu Grundelementen des Staates macht. Die Stadt- und Kreisversammlungen wären auch die wichtigsten Körperschaften im Staat, denn sie allein würden in allgemeinen und direkten Wahlen gewählt und ihrerseits als Wahlausschüsse für Landes- und Bundesparlamente dienen.

Die Vision

Hätte das alles in der Praxis funktioniert? Wahrscheinlich nicht. Wir haben erlebt, wie ähnliche theoretische, politisch sehr kreative Gedankenspiele (besonders der französischen Résistance) in der grauen Tagespolitik der Nachkriegswirren versandet sind. Wie viel desillusionierender wäre die Nachkriegszeit in Deutschland für die Männer des 20. Juli gewesen, wenn sie entweder nach einem erfolgreichen oder einem gar nicht erst versuchten Putsch überlebt hätten. Ihr vornehmstes Ziel war es – geboren aus dem ungeheuren Druck, sich ständig verstellen zu müssen, und permanenter schlimmster Bedrohung –, sofort und beinahe ohne Übergang Gutes aus Bösem zu erschaffen: die Wiedergeburt Deutschlands aus dessen tiefster Verkommenheit, eine christliche Gesellschaft aus einer Nazi-Gesellschaft; ein vereintes Europa aus einem Europa, das verwundet, gespalten und erniedrigt war wie nie zuvor; dauerhafte Versöhnung trotz noch immer blutender Wunden und frischem Haß.

Doch ihre Vision lebt, ja, sie gewinnt gerade durch den Tod derer, die ihr Leben für sie eingesetzt haben, eine eigentümliche, unzerstörbare Kraft. Möglich, daß die Männer, die Hitler nach dem 20. Juli abschlachten ließ, in fünf bis zehn Jahren einen größeren Einfluß ausüben, als es der Fall gewesen wäre, wenn sie diesen schicksalhaften Tag überlebt hätten.

* Charta von Nürnberg: rechtliche Grundlage für die Nürnberger Prozesse gegen führende NS-Politiker; inkriminiert wurden u.a. internationale Verbrechen wie Völkermord und Angriffskrieg.

Die britische Zone in Deutschland, die bis zum Frühjahr in dem Ruf stand, die beste und humanste zu sein, ist nun zur schlimmsten, nicht nur am meisten Hunger leidenden, sondern auch hoffnungslosesten und verbittertsten aller vier Zonen verkommen. So jedenfalls stellt es sich dar und fällt unglücklicherweise auch noch mit der Ausgabe des ersten einer Serie monatlicher Berichte zusammen, die die britischen Vertreter in der Kontrollkommission, dem amerikanischen Beispiel folgend, von nun an veröffentlichen wollen.

Der Bericht geht bei weitem nicht so in die Einzelheiten wie seine amerikanischen Pendants; er bietet einen allgemeinen Überblick über das erste Besatzungsjahr. So werden denn zahlreiche unumstrittene Leistungen der britischen Militärregierung während dieses ersten Jahres aufgelistet, doch der Leser fragt sich am Ende ratlos, wie es kommt, daß alle diese Leistungen nicht verhindern konnten, daß der britischen Zone nun urplötzlich die Gefahr eines vollständigen Kollapses droht.

Die Erste-Hilfe-Arbeit der britischen Behörden und der britischen Armee besonders in den ersten neun Monaten der Besatzung war hervorragend. Das bestreitet keiner. Die Rückführung von mehr als zwei Millionen Displaced Persons mit einem Minimum an Komplikationen und Durcheinander, der Austausch von mehr als zwei Millionen deutscher Flüchtlinge zwischen der russischen und britischen Zone, die wenn auch nur provisorische Wiederansiedlung von zirka sechshunderttausend ausgewiesenen Deutschen aus dem Osten, die rasche und ordnungsgemäße Auflösung der Wehrmacht, bei der mehr als drei Millionen Männer kontrolliert in verschiedene Regionen verteilt wurden, die Reparatur des Eisenbahnnetzes und der Straßenverkehrswege (einschließlich der Rekonstruktion von etwa eintausenddreihundert Brücken), der Wiederaufbau des Postwesens, die Instandsetzung von etwa fünfhunderttausend beschädigten Wohnungen und Häusern, und, last but not least, der Wiederaufbau einer funktionsfähigen Verwaltung und eines passablen Bildungs- und Justizwesens aus totalem Chaos – auf all das kann man stolz sein. Leider wird es alles nichts nützen, wenn man zuläßt, daß nun eine wirtschaftliche Katastrophe über die Zone hereinbricht.

Katastrophe

In dieser Hinsicht gibt der Bericht übrigens in ganz gelassenen Sätzen ein Bild ungeminderter Trübnis. »Ökonomisch keine Besserung in Sicht ... Wiederbelebung der Industrie immer noch sehr langsam ... Wirtschaft der Zone unter ernsthaftem Druck ... Kohleproduktion niedrig, Lebensmittel knapp ... immer noch bedauerlicher Mangel an Konsumgütern ... wachsende Inflationsgefahr ... heftige Proteste machen sich Luft ... keine Besserung der finanziellen Situation ...« Die Lebensmittelsituation bezeichnet der Bericht als sogar schon im Mai »alarmierend«, und sie hat sich seitdem weiter verschlechtert. In den Städten sieht man allenthalben eiMenschen mit Hungerödemen und anderen eindeutigen Symptomen. Und zu diesem Hunger kommen noch komplette wirtschaftliche Stagnation und Hoffnungslosigkeit. Die daraus resultierende Verbitterung macht die Zone zu einem Nährboden für antibritische Ressentiments aller Art.

Wo liegen die Gründe für diesen höchst bedrohlichen Stand der Dinge? Zunächst einmal muß man vorbehaltlos zugeben, daß die Britische Zone die bei weitem schwierigsten wirtschaftlichen Probleme der vier Zonen birgt. Sie ist am wenigsten autark, am höchsten industrialisiert und spezialisiert und leidet am meisten unter den Kriegsschäden. (Der durchschnittliche Wohnraum für eine Person beträgt in der Amerikanischen Zone 7,6 Quadratmeter, in der Französischen 9,5, in der Russischen 14,4 und in der Britischen 6,2.) Außerdem ist die Britische Zone auch am heftigsten von den destruktiven wirtschaftlichen Richtlinien von Potsdam und der Vereinbarung über das Niveau der deutschen Industrieproduktion betroffen. Insofern muß man der britischen Politik eine gewisse Kurzsichtigkeit vorwerfen, denn diese Vereinbarungen, die wir alle umstandslos akzeptiert haben, wirken nun beinahe, als seien sie mit Absicht so zugeschnitten, daß die Briten, und nur die Briten, die wirtschaftlichen Schwierigkeiten unmöglich lösen können.

Polnische Kornspeicher

Abgesehen davon besteht allerdings zu wenig Klarheit über die wirklichen Gründe für die gegenwärtige Notlage, und im Nu werden Mythen aller Art aufgebaut. Es wird zum Beispiel oft behauptet, daß eine wirtschaftliche Vereinigung Deutschlands allen unseren Schwierigkeiten ein Ende bereiten würde. Das ist falsch. Auch die Russische Zone hat, wenn überhaupt, dann nur sehr spärliche Nahrungsmittelüberschüsse. Sie könnte die Hungersnot in der Britischen Zone vielleicht ein wenig lindern, aber nicht abschaffen. Wer anderer Meinung ist, vergißt, daß die Kornkammern des Reiches – Ostpreußen, Pommern, Schlesien – an Polen gefallen sind, also auch ein Gesamtdeutschland weit entfernt davon wäre, sich selbst ernähren zu können. Noch falscher wäre es, mehr als geringfügige Erleichterung von der bevorstehenden Verschmelzung der Britischen mit der Amerikanischen Zone zu erwarten – auch dort mangelt es ja ökonomisch an allen Ecken und Enden.

Ein kurioser und unvermuteter Hinweis zur Lösung unserer Schwierigkeiten liegt freilich in einer überraschenden Beobachtung: Zwei der vier Zonen – die Britische und die Amerikanische – werden von ihren Besatzern kräftig subventioniert und bieten doch ein trauriges Bild des Stillstands. Die beiden anderen – die Russische und die Französische – kosten ihre Herren keinen Pfennig, sondern bringen ihnen im Gegenteil sogar noch schöne Gewinne ein. Genauer gesagt: Sie werden von ihren Besatzern gemolken wie die Kühe. Trotzdem geht es ihnen nicht schlechter – in mancher Hinsicht ökonomisch sogar besser als den beiden anderen. Woran liegt das?

Offenbar daran, daß es immer noch besser zu sein scheint, ausgebeutet zu werden, als vor sich hinzuvegetieren. Die Russische und Französische Zone sind der russischen beziehungsweise französischen Wirtschaft mehr oder weniger einverleibt worden, sie sind nun, wenn auch sehr unterprivilegiert, Teil größerer ökonomischer Einheiten. Aber dadurch herrscht Vollbeschäftigung, und obwohl die Menschen hauptsächlich für das Wohl anderer arbeiten, scheinen ein paar Krumen auch für sie abzufallen. Im Gegensatz dazu hat man die Britische und Amerikanische Zone wirtschaftlich praktisch isoliert gehalten. Was besonders verhängnisvoll für die Britische Zone ist, die früher nicht nur das Kernland der deutschen, sondern der europäischen Wirtschaft war. Dieses hochspezialisierte, kopflastige Industriegebiet – nur Nerven, Hirn und innere Organe, aber sozusagen kein Fleisch oder Fett – kann nicht nur für oder aus sich selbst heraus existieren.

Isolation

Es klingt geradezu tragisch, wenn man in dem britischen Bericht die aktuellen Import/Export-Statistiken dieses industriellen Herzens Europas betrachtet. Dieses wunderbare Land, aus dem der Reichtum nur so sprudelte, exportierte im Mai 1946 nichts weiter als ein bißchen Salz, Potasche, Bitumen und Blei und natürlich ein paar Zentner Kohle mit dem Ergebnis, daß für seine ohnehin schon erbärmlichen Importe von Getreide und Kartoffeln weitgehend der britische Steuerzahler aufkommen mußte. Nichts könnte unverhüllter den Irrsinn zeigen, eine autarke Wirtschaft ausgerechnet in der Britischen Zone Deutschlands aufbauen zu wollen. Doch genau das tun wir. Wir verbieten nicht nur vollständig alle Geschäftskontakte zwischen den Deutschen in unserer Zone und der Außenwelt (obwohl vieles dafür spräche); wir schaffen es unverantwortlicherweise nicht einmal, selbst diese Kontakte für unsere Zone herzustellen.

Die Folgen spüren nicht nur wir und unsere Zone, sondern andere Länder auch. Hier ein Auszug aus dem Brief eines dänischen Geschäftsmannes, der vor einigen Tagen in der Hamburger Wochenzeitung »Die Zeit« veröffentlicht wurde. »Wir dänischen Geschäftsleute warten ungeduldig darauf, daß wir mit Deutschland wieder Handel treiben dürfen. Anfang dieses Jahres mußte ich meine Lebensmittelfabrik schließen, weil mein Lager überquoll. In diesem Land verderben große Mengen Lebensmittel – ein trauriges Zeichen der Zeit, aber wir können unsere Waren ja nicht alle verschenken. Wir brauchen Kohle, Eisen, chemische Produkte und andere Dinge, die Deutschland uns leicht liefern könnte, ohne daß den alliierten Interessen auch nur im geringsten geschadet würde.«

Hauptsächlich in dieser Außenhandelsblockade, die wir in einem Anfall von Unzurechnungsfähigkeit errichtet haben müssen, wurzelt vermutlich das gegenwärtige Dilemma unserer Zone.

Der Weg Rußlands

Zugegeben, man muß die egoistische, skrupellose Effizienz der russischen Wirtschaftskommissare und -planer in Berlin gesehen haben – mit allen Mitteln der Bestechung und Drohung zwingen sie die Leute zur Produktion, sie bringen Fabriken zum Laufen, die sie selbst fast vollständig demontiert haben, sie improvisieren, sie treiben an, sie akzeptieren nie ein »Nein« als Antwort – wirklich, man muß es erlebt haben, um zu begreifen, wie eigenartig ineffizient die knauserigen, höflichen Herren im Rahmen unseres »Wirtschafts-Plans« die unzureichenden Kohlenquoten zuteilen, jegliche Produktion verbieten, für die nicht unmittelbar Kohle zur Verfügung steht (um die Entstehung eines Schwarzen Marktes für Kohle zu verhindern), und ewig klagen, daß nichts getan werden kann, wenn die Kohlenförderung nicht erhöht wird.

Sicher, die Russen legen sich deshalb so ins Zeug, weil die Wirtschaft in ihrer Zone für Rußland arbeiten soll. Im Gegensatz dazu befleißigen wir uns einer edlen Selbstlosigkeit. Wir zweigen nichts von der kläglichen Produktion in unserer Zone ab, sondern teilen sogar noch unsere eigenen knappen Essensrationen mit den Bewohnern dort – doch was ist, wenn unser Uneigennutz sich im Endeffekt als verheerender erweist als die russische Gier? Wenn wir nicht anfangen, unsere Zone auf einer realistischen ökonomischen Basis arbeiten zu lassen, und dafür sorgen, daß wirklich hart gearbeitet wird und sich – schleunigst! – Erfolge einstellen, verlieren wir alles, was wir im ersten Besatzungsjahr mit unserer großartigen Ersten Hilfe gewonnen haben.

Ob man es zugibt oder nicht, das Rennen zwischen dem Osten und dem Westen Deutschlands hat begonnen. Wird Gesamtdeutschland eines Tages um einen freien Westen oder einen kommunistischen Osten herum wiedervereinigt? Anfangs hatten wir in diesem Rennen alle Vorteile, nun geben wir sie aus den Händen.

* Displaced Persons: Bezeichnung für Personen, die während des Krieges als Kriegsgefangene, Zwangsarbeiter oder politisch oder rassistisch Verfolgte außerhalb ihrer angestammten Heimat bei Kriegsende in Deutschland lebten. Ihre Zahl wurde auf sieben Millionen geschätzt. Bis Ende 1945 konnten etwa sechs Millionen Menschen mit Hilfe der Alliierten in ihre Heimat zurückkehren.

Berlin und Wien: Die Wahl

8. September 1946

Berlin und Wien sind heute vorgeschobene, isolierte Außenposten Europas. Beide Städte liegen hinter dem Eisernen Vorhang und sind von allen Seiten von russisch besetzten Gebieten umgeben, die zwar die Berliner beziehungsweise Wiener, nicht aber deren westliche Besatzer betreten dürfen. Diese leben in ihren Sektoren in einem eigenartigen Provisorium, beinahe ebensosehr Gefangene wie Herren, mit viel mehr Annehmlichkeiten, aber noch weniger Bewegungsfreiheit als ihre deutschen und österreichischen Untertanen. Durch ihre Anwesenheit heben sie die beiden Städte aus der sie umgebenden russischen Zone heraus. Zu dem dort übermächtigen Druck der russischen Polizei und des Propaganda-Apparats bilden diese in gewisser Weise ein Gegengewicht. Sie gewähren Freiheiten, die sonst hinter dem Eisernen Vorhang unbekannt sind: relativ freien Zugang zu Informationen, relative Meinungsfreiheit, relative Sicherheit vor willkürlicher Verhaftung und Liquidierung aus politischen Gründen, relative Wahlfreiheit – ja, die vor allem. Dank der Präsenz der Westmächte können Berlin und Wien eine Wahl treffen – und diese Wahl ist schicksalhaft für ganz Europa.

Geschichte zweier Städte

Das verleiht diesen geschlagenen und schwer zerstörten Metropolen ihre gegenwärtig einmalige Bedeutung. Durch die Wahl wird nicht nur bewahrt, was eine Zeitlang in Frage stand – ihre Funktion als Hauptstädte Deutschlands und Österreichs –, sondern es wird ihnen sogar ein Part zugewiesen, den sie als bloße Hauptstädte ihrer Länder nie hätten spielen können. Sie sind Brennpunkte in dem großen ideologischen und machtpolitischen Kampf, der heute allenthalben in Europa ausgefochten wird und von dem die Zukunft des Kontinents abhängt. Nirgendwo anders ist der Kampf jedoch so unentschieden, nirgendwo anders zählt jeder Zentimeter Boden so viel. Hier ist jedes kleinste lokalpolitische Ereignis aufgeladen mit der Spannung aufeinanderprallender Großmachtpolitik, hier rangeln Amerika, Rußland und Großbritannien miteinander, um gemeinsam das Amt eines Oberstadtdirektors auszuüben; schon die Verhaftung eines Zeitungsverkäufers und das Kidnappen eines Lokalpolitikers schlägt in den Außenministerien Washingtons und Moskaus, Paris' und Londons hohe Wellen.

Berlin und Wien sind heute Orte, wo sich hochdramatische und gleichzeitig äußerst paradoxe Dinge ereignen. Man hat die Städte als fünfte Besatzungszonen bezeichnet, Modellstadtstaaten, symbolische Hauptstädte nicht existierender Länder, internationale Reservate – aber eigentlich paßt keine Bezeichnung auf ihr surreales Dasein. Die Kombination von internationaler Verwaltung und vierfacher Teilung sowie der Anwesenheit von vier unbeschäftigten fremden Armeen in den eigenen Mauern wäre ja schon dann eine Kuriosität und ein Abenteuer, wenn der Mythos von der Einheit der Alliierten Realität wäre. Nun, da dieser Mythos zerstört ist – und nirgendwo ist er gründlicher zerstört worden als in Berlin und Wien –, hat er sich in eine alptraumhafte Groteske verwandelt, die aber, so unglaublich es klingt, schon zur Routine geworden ist.

Paradox der Macht

Der Gipfel der Paradoxie ist allerdings die Position der Berliner und Wiener. Sie leben ständig am Rande einer Hungersnot; sind durch die Folgen der Bombardierungen und Beschlagnahmen gezwungen, im schlimmsten Elend dahinzuvegetieren; sie haben sich schon lange angewöhnt, sich nach jedem alliierten Zigarettenstummel und jedem alliierten Pferdeapfel zu bücken; für eine Schachtel Zigaretten verkaufen sie ihre letzten Wertsachen und ihr Gewissen obendrein; und trotz allem wissen diese grauen, gedemütigten Gestalten, die schon lange nicht mehr Herren ihres eigenen Schicksals sind, ganz genau, daß ihre allmächtigen Aufseher um sie kämpfen, wie Gott und der Teufel in den mittelalterlichen Legenden um die Seele eines armen Sünders. Sie lesen von deren Bemühungen, sie für ihre unterschiedlichen Demokratiekonzepte zu gewinnen; sie lesen, wie sie sich täglich um ihret-, der Berliner und Wiener willen, immer dreisterer Dinge beschuldigen; und da sie, die Wiener und Berliner, als Großstädter natürlich noch nie auf den Kopf gefallen waren, begreifen sie sehr wohl, daß sie es sind, die Entscheidungen von großer Tragweite treffen müssen – von großer Tragweite für ihre jeweiligen Eroberer. In ihrer persönlichen Misere können sich die Besiegten nicht helfen, aber sie können immer noch das Zünglein an der Waage im Gleichgewicht der Weltmächte sein – in solch einer außerordentlichen Lage befinden sich die Berliner und Wiener heutzutage.

Der Unterschied zwischen beiden Städten liegt allerdings darin, daß Wien sich schon entschieden hat. Wien ist nicht nur Sitz eines Alliierten Rates mit der Oberhoheit über das Land und einer Alliierten Kommandantur mit der Oberhoheit über die Stadt selbst, es ist auch Sitz einer echten österreichischen Regierung und eines echten Wiener Stadtrats – beide frei gewählt, beide mit echten Machtbefugnissen ausgestattet und in ihrer politischen Zusammensetzung beide Ausdruck der unmißverständlichen Entscheidung von Stadt und Land, dem Kommunismus eine Absage zu erteilen und europäisch zu bleiben. Daher die relativ klare, erholsame politische Atmosphäre Wiens. Die Stadt weiß, wo sie steht. Die britischen und amerikanischen Besatzer sind offen freundlich und zur Schutzmacht geworden, die russischen offen feindlich. Die russische Politik besteht kaum noch darin,

Österreich in einen Satellitenstaat zu verwandeln, sondern nur darin, das Land niederzuhalten und auszuplündern.

Trotzdem herrscht auch eine kämpferische Stimmung in Wien, gekämpft wird um die nationale Unabhängigkeit. Obwohl das Klima oft sehr angespannt und nervös ist, gibt es auch Anzeichen von Hoffnung und Freude, die von einer klaren Entscheidung herrühren. Schließlich hat Wien eine lange Tradition, östliches Bollwerk Europas zu sein. Und so gefährlich exponiert und bedroht es heute auch ist, es faßt sich ein Herz und erinnert sich dieser Tradition. Die Erinnerungen an 1526 und 1683 geistern den Wienern vielleicht noch genauso im Kopf herum wie den Engländern 1940 die Erinnerungen an die Armada und Trafalgar.

Der russische Appell

In Berlin spricht die Tradition eine weniger klare Sprache. Hat nicht Preußen im Verlaufe seines Aufstiegs einige seiner größten Eroberungen als Satellit Rußlands gemacht? An solche Erinnerungen appelliert Rußland natürlich. Nicht ungeschickt – in beinahe frühhitlerscher Manier – appelliert es in seiner Propaganda gleichzeitig an das Sozialrevolutionäre wie an das Nationalistische und wird dabei unterstützt von der argumentativen Gewalt eines totalitären Polizeiapparats. Kein Zweifel, es hat die politische Initiative in Deutschland an sich gerissen. Bei Worten läßt man es außerdem nicht bewenden. Das ganze letzte Jahr haben die Russen emsig daran gearbeitet, ihre Zone als kommunistischen Staat nach osteuropäischem Modell aufzubauen: einen Staat mit einer uniformen, klassenlosen Gesellschaft und einer vorläufig noch von einer »Einheitsfront« (das heißt, ein paar geduldeten Satellitenparteien) umgebenen, dominierenden Staatspartei sowie Massenorganisationen mit Zwangsmitgliedschaft, einer reglementierten Wirtschaft, die sich nach Moskau orientiert, und einer reglementierten Meinung, die von Moskau manipuliert wird. Und dieser Staat – das ist das Entscheidende – erhebt den Anspruch, Kernstück eines wiedervereinigten Deutschland zu werden.

Wenn dieser Anspruch jemals verwirklicht werden sollte, würde das gesamte Machtpotential Deutschlands mit dem eines expandierenden Rußland verschmelzen und die Machtverhältnisse auf der Welt vollkommen aus dem Gleichgewicht gebracht. Aber noch ist nichts dergleichen geschehen und wird vielleicht auch nie geschehen. Der in der Russischen Besatzungszone wachsende Sowjetstaat ist noch nicht voll ausgebildet, es fehlt ihm ein wesentliches Organ – eine Hauptstadt. Das müßte Berlin sein. Doch durch die Präsenz der Westalliierten ist Berlin nicht Teil der Russischen Zone und besitzt weiterhin eine gewisse Entscheidungsfreiheit.

Es sind die Hauptstädte, die im Grunde die schicksalhaften »nationalen« Entscheidungen treffen, und Berlin ist, ob es einem gefällt oder nicht, immer noch sehr die Hauptstadt Deutschlands – heute vielleicht mehr als je zuvor. Denn Berlin muß entscheiden, wie das Deutschland aussehen soll, dessen Hauptstadt es werden will. Wenn es die Hauptstadt des neuen Sowjetstaates in der Russischen Zone werden möchte, wird es diesem Staat auf die Beine helfen – und dann könnte dessen Einheitsappell eine Stoßkraft in Deutschland gewinnen, gegen den die neuen Länder im Westen mit ihrem Regionalstolz nur schwach und unzulänglich gewappnet wären.

Homerischer Kampf

Wenn Berlin andererseits dem Beispiel Wiens folgt, den Avancen des Ostens widersteht und sich zur vorgeschobenen Hauptstadt eines europäischen Deutschland macht – dann schwindet die von dem ostdeutschen Sowjetstaat ausgehende Gefahr, bevor sie überhaupt entstanden ist. Der Staat wird ein Torso und irreal bleiben, und wenn früher oder später der Druck der Besatzung abnimmt, wird das kurzzeitig kommunistische Ostdeutschland seine normalen Freiheiten zurückbekommen.

Berlin steht also vor einer großen Entscheidung, und der Termin rückt näher. Am 20. Oktober werden Stadt- und Bezirksverordnete gewählt. Formal geht es lediglich darum, ob die von den Russen eingesetzten kommunistischen Kommunalbeamten und -politiker in ihren Ämtern bestätigt oder abgewählt werden. In Wirklichkeit aber ist dieser 20. Oktober 1946 ein wichtiges Datum in der deutschen und ein Datum mit einigen Auswirkungen auf die europäische und Weltgeschichte. Im Gegensatz zu Wien hat Berlin eine starke russische Partei, und diese russische Partei wird mit allen Mitteln kämpfen. Andererseits besitzt die Opposition zu dem neuen Totalitarismus in Berlin vielleicht gerade wegen der Nähe zu ihm eine Kraft der Verzweiflung, die man an weniger exponierten Orten kaum findet.

Selbst jetzt schon, sechs Wochen vor dem Wahltag, ist der politische Kampf in Berlin so etwas wie ein Ringkampf geworden, in dem jeder Griff erlaubt ist, und wenn es so weitergeht, wird die Zusammenarbeit der vier Mächte in der Regierung Berlins einer wahren Zerreißprobe ausgesetzt, denn natürlich sind die vier Mächte genauso an diesem Kampf beteiligt wie die homerischen Götter an den Kämpfen der Sterblichen. Doch wenn die Götter sich nicht einig sind, gewinnen die Sterblichen. Was für eine Überraschung, daß Berlin, eine Stadt, die derart zerstört und erniedrigt worden ist, so bald nach ihrem Fall eine für ihre Zerstörer und Eroberer solch schicksalhafte Entscheidung treffen darf. Aber so ist es nun einmal.

Aus den Ruinen

In den Berliner Straßen liegen immer noch zehntausende Tonnen Trümmer. War es nicht erst gestern, daß die ganze

Stadt stank, weil sie ihre Toten nicht begraben konnte, daß Rinderherden nach Osten durchs Brandenburger Tor getrieben und Unter den Linden am hellichten Tag Frauen vergewaltigt wurden? Viele hielten Berlin damals für tot; viele zweifelten, ob es klug war, daß die Alliierten sich einen Teil der Herrschaft über die zerstörte Stadt mit einem breiten Rückzug von der Elbe erkauften. Heute kommt einem diese Entscheidung gar nicht mehr so verrückt vor. Berlin ist nicht tot. Es denkt, es kämpft, es gilt etwas. Im heutigen Europa spielen seine düsteren Trümmerhaufen eine wichtigere Rolle als alle lächelnden, fruchtbaren Felder Sachsens, Thüringens, Brandenburgs und Mecklenburgs, die wir Rußland überlassen haben. Es ist also nicht übertrieben: Am 20. Oktober sind die Augen der Welt wieder einmal auf Berlin gerichtet.

* Wahlen am 20. Oktober 1946: Ergebnis in Groß-Berlin: SED 19,8 Prozent, CDU 22,2 Prozent, SPD 48,7 Prozent.

Am nächsten Freitag kommt Dr. Kurt Schumacher als Leiter einer Delegation der deutschen Sozialdemokraten auf Einladung der Labour-Partei nach London. Es ist seit dem Krieg der erste offizielle Besuch eines führenden deutschen Politikers bei einer Siegermacht.

*

In den fast vergessenen Tagen des Jahres 1931, als die Weimarer Republik von den Wahlschlachten der rivalisierenden Nazis und Kommunisten beherrscht wurde, machten sich drei junge sozialdemokratische Reichstagsabgeordnete daran, die deutsche Arbeiterbewegung wiederzubeleben. Sie hießen Mierendorff, Haubach und Schumacher.

Im Gegensatz zu den älteren Führern der Sozialdemokratischen Partei waren sie sich des bevorstehenden Verhängnisses, mit dem ihnen der Totalitarismus von zwei Seiten drohte, sehr genau bewußt. Sie beschlossen, die traditionelle deutsche Arbeiterbewegung aus ihrer bornierten Beschäftigung mit Lohnpolitik und ihrer engen neomarxistischen Perspektive zu lösen. Sie wollten ihr Lebenswillen und Mut vermitteln, wie ihn die brauchten, die sich angesichts von Hitlers Scharfmachern zur Gegenwehr entschlossen.

Sie nannten ihren Wiederbelebungsversuch »Eiserne Front« und wählten als Symbol drei nach oben gerichtete Pfeile. Den ansteigenden Nationalsozialismus einzudämmen schafften sie nicht. Doch ihr mannhafter Einsatz veranlaßte andere sozialistische Parteien in Europa, das Symbol zu übernehmen – bei der Konferenz der Sozialistischen Internationale kürzlich in Bournemouth sah man es an den Revers französischer, polnischer und österreichischer Delegierter.

*

Als Hitler 1933 an die Regierung gelangte, kapitulierte keiner der drei Männer, und keiner ging ins Ausland. Binnen weniger Monate saßen sie im Konzentrationslager. Die Behandlung, die die SS im ersten Siegestaumel ihren politischen Gegnern angedeihen ließ, ist mittlerweile bekannt (wenn sich auch eine moralisch träge Welt damals kaum für die Berichte interessierte, die außerhalb Deutschlands veröffentlicht wurden).

Während Hitler Jahr um Jahr mit seinen Autobahnen und Massenaufmärschen zu beeindrucken wußte, wurden Andersdenkende mit unmenschlichem Sadismus erniedrigt und mißhandelt. Kurz vor Ausbruch des Krieges wurden zwei – Mierendorff und Haubach – entlassen. Mit unerhörtem Mut setzten sie sich mit der Widerstandsbewegung in Verbindung, deren herausragendste Aktion die erfolglose Verschwörung des 20. Juli war. Mierendorff kam bei einem Luftangriff ums Leben, bevor die Verschwörer zuschlugen; Haubach wurde nach dessen Scheitern im Januar 1945 gehängt.

Der dritte, Kurt Schumacher, wurde erst im Frühjahr 1943 aus der Lagerhaft entlassen. Ein einarmiger Mann (er hatte im Ersten Weltkrieg einen Arm verloren), der aus dem Konzentrationslager kam, war zu der Zeit zu auffällig, als daß ihn die Verschwörer hätten miteinbeziehen können, zumal er auch noch scharf überwacht wurde. Im August 1944 wurde er trotzdem im Zuge eines Vergeltungsschlages der Gestapo, der »Operation Gewitter«, wieder in Haft genommen. Aber er gehörte wenigstens nicht zu den tausenden – die Schätzungen schwanken zwischen drei- und viertausend – Deutschen, die noch in den letzten Monaten der Nazi-Herrschaft hingerichtet wurden.

*

Daß Schumacher zehn Jahre im Konzentrationslager ertrug, ohne sich zu beugen, machte ihn in den vereinzelten Widerstandsgruppen, die während der gesamten Nazi-Zeit operierten, zu einer legendären Gestalt. Wie er sich geweigert hatte, die Verpflichtungserklärung zu unterschreiben, daß er sich nach seiner Freilassung nicht mit seinen alten Genossen treffen werde; wie er in Dachau fast das Augenlicht verlor; wie er trotz seines geschwächten Gesundheitszustandes und obwohl er den Lagerwachen auf Gnade und Ungnade ausgeliefert war, einen neunundzwanzigtägigen Hungerstreik machte, um keine Zwangsarbeit leisten zu müssen, und am Ende gewann (über dieses heroische Verhalten wurde 1936 in einer illegalen deutschen Zeitung berichtet) – solche Geschichten gerieten auf geheimen Wegen aus den seelenlosen, in Kiefernwäldern versteckten Lagern in die Arbeiterviertel von Berlin und Hamburg.

Heute, mit einundfünfzig Jahren, ist Kurt Schumacher der gewählte Sprecher für die gesamte Sozialdemokratische Partei Deutschlands und lebt ziemlich asketisch (er besitzt kein Auto) in einer Dreizimmerwohnung im zerbombten Hannover.

In den achtzehn kurzen Monaten seit dem Ende Hitlers hat Schumacher zu drei wichtigen politischen Entwicklungen sehr viel beigetragen: Erstens zur Neugründung einer großen Sozialdemokratischen Partei (SPD), deren Mitgliederzahl sich in den Westzonen auf sechshunderttausend beläuft – und das trotz des Mangels an Verkehrs- und Kommunikationsmitteln, trotz der weit verbreiteten Apathie einer zusammengebrochenen Gesellschaft und trotz vieler Hindernisse, die ihm die Alliierten in den ersten Monaten in den Weg legten. Zweitens dazu, daß der »Zusammenschluß« mit den Kommunisten abgelehnt wurde, weil demokratische und humane Prinzipien dagegen sprachen – die von dem erzwungenen Zusammenschluß in der Russischen Zone ausgehende einschüchternde Wirkung schlug fehl. Drittens dazu, daß sich die Sozialdemokratische Partei zu einer viel kühneren sozialistischen Politik als dem alten, zwischen den Kriegen gescheiterten Programm der bloßen Lohnforderungen verpflichtete.

Die Grenzen von Dr. Schumachers Führungsstil zeigen sich in den SPD-Zeitungen, die eher Flugblätter mit Parteipropaganda sind als Foren für Nachrichten und Diskussionen. Vielleicht ist es aber auch von einem Mann, der so lange gekämpft und gelitten hat, zuviel verlangt, daß er tolerant und nachsichtig mit Gegnern, Parteifreunden und Anhängern ist.

Trotzdem spielt die SPD auf Grund seiner Entschlossenheit und seines Drängens, seiner vollkommenen Redlichkeit und scharfen politischen Einsichten in der politischen Landschaft wieder eine Rolle – in der politischen Landschaft Deutschlands und Europas, denn die sozialistischen Nachbarn merken schon, daß Schumachers Partei eines Tages ein hervorragender Verbündeter sein könnte.

*

Schumacher hat sich schon lange darauf festgelegt, daß zentrales Thema seiner Innenpolitik der »Lastenausgleich« oder die gerechte Verteilung der Kosten der Niederlage ist. Deshalb verlangt die SPD eine progressive Vermögenssteuer, die auch Gegenstand einer der heftigsten Beschwerden der SPD gegen die britische Besatzungspolitik und ein entscheidender Punkt in den Kölner Beschlüssen vom September war, als mit der Aufkündigung der politischen Zusammenarbeit gedroht wurde.

Die Forderung nach »Lastenausgleich« hat auch dazu geführt, daß die SPD zum Anwalt der Millionen Heimatvertriebenen aus den annektierten Ostgebieten wurde. Die Sozialdemokraten unterstützen sie nicht in ihrer Hoffnung, daß die Grenzziehung revidiert wird (wenn sie auch ständig gegen die Ungerechtigkeit und Unmenschlichkeit der Massenvertreibungen protestieren), doch sie verlangen für die Flüchtlinge die gleichen Rechte, wie sie die einheimische Bevölkerung Westdeutschlands besitzt.

In der Zusammenarbeit mit den Siegern hat Schumacher sich von der ersten Stunde an gegen den Morgenthau-Plan gewehrt, der Deutschland zur Armut verdammt hätte, und statt dessen die Möglichkeiten zum Aufbau einer Wirtschaft gefordert, die allen einen bescheidenen Lebensstandard garantiert. Aufgabe seiner Partei sei es, sagte Schumacher, die Wiedergeburt des deutschen Nationalismus zu verhindern; und das erreiche man nicht dadurch, daß man die künftigen Generationen in Kummer und Elend stürze.

*

Der Mann, der im heutigen Deutschland eine so herausragende Rolle spielt, sieht auf den ersten Blick wie ein körperliches Wrack aus. Dünn wie ein Skelett, mit brennenden Augen in einem ausgemergelten Gesicht, scheint er das doppelte Leiden derer zu verkörpern, die zuerst Hitlers Opfer waren und nun für Hitlers Taten mitbezahlen müssen. Doch seine ungeheure Energie treibt ihn an. Und wenn er mit seiner glühenden Aufrichtigkeit und Leidenschaft auf der politischen Bühne agiert, verwandelt er sich vom Märtyrer zum Propheten.

Er ist ein überaus wirkungsvoller Redner, ironisch, bissig und auf den Punkt genau, insbesondere natürlich, wenn er attackiert. Seien seine Adressaten die Kommunisten, die rechten Christdemokraten oder die britische Militärregierung selbst, er nimmt kein Blatt vor den Mund. Wobei ihm vermutlich die Militärregierung, die an den Schalthebeln der Macht sitzt, seine ätzende Kritik eher verzeiht als seine deutschen politischen Gegner. Ob Schumacher als mitreißender politischer Kampfredner, dessen Heroismus man nie vergessen sollte, in die sehr anderen Aufgaben des Regierens hineinwächst, wo eine Koalition manchmal und der Kompromiß immer notwendig sind, wird sich zeigen, wenn ihm die Zeit – und die Alliierten – eines Tages die Möglichkeit dazu geben.

Für sich gesehen, sind die vorgeschlagenen amerikanischen Kredite an Griechenland und die Türkei kaum so weltbewegend, wie sie dargestellt werden. Politisch motivierte Kredite sind auch vorher gewährt worden. Ja, in der internationalen Politik ist das durchaus Routine. In diesem Fall sind die Beträge, um die es geht, sogar bescheiden, und die damit verbundenen Auflagen keineswegs ungewöhnlich hoch.

Außerdem sind weder eine diplomatische Offensive noch eine Machtverschiebung damit verbunden. Die ideologische Grenze bleibt exakt dort, wo sie war. Amerika übernimmt eine bestimmte finanzielle Last, die Großbritannien nicht mehr tragen kann, das ist alles. Die Nordwestgrenze des Mittleren Ostens wird durch diesen Wachwechsel fester, die Macht dahinter gestärkt, Schaden erleidet dabei niemand.

Was den amerikanischen Schritt zur Weltsensation gemacht hat, ist lediglich, daß er wohlerwogen als solche inszeniert wird. Ein relativ kärglicher Kredit wurde zum Anlaß für eine Rede des Präsidenten vor dem Kongreß und für die Ankündigung einer Politik, die zwangsläufig an die Warnungen erinnert, die Roosevelt an Hitler richtete, als er die »Leih- und Pachtgesetze« verabschieden ließ.

Trumans mitreißende Erklärung, daß »es die Politik der Vereinigten Staaten sein müsse, freie Völker zu unterstützen, die sich gegen Unterjochungsversuche durch bewaffnete Minderheiten oder Druck von außen wehren«, und sein Hinweis darauf, daß diese Hilfe »primär« ökonomischer und finanzieller Art sein werde, wäre zu jeder Zeit starker Tobak. Aber so abgestimmt, daß sie fast mit der Eröffnung der Moskauer Konferenz zusammenfällt, kann diese hemdsärmelige Offenheit Diplomaten durchaus auf den Magen schlagen.

Angesichts der wachsenden Macht der Vereinigten Staaten gibt es in den älteren Ländern Europas gleichzeitig zwei widersprüchliche Befürchtungen – vor einem Staat, von dem es heißt, er habe ungeahnte Möglichkeiten, setze sich überall durch und im großen und ganzen für gute Zwecke ein. Die eine Befürchtung geht dahin, daß diese neue Macht nicht genutzt wird – daß Amerika, ein »zögernder Drachen«, eines Tages doch zum Isolationismus zurückkehrt und das Feld schwächeren, doch mutigeren Staaten überläßt. Die andere Befürchtung geht dahin, daß die Amerikaner von ihrer Macht dilettantisch und unbesonnen Gebrauch machen – daß die Vereinigten Staaten, ein Neuling im internationalen Machtpoker, ihrer eigenen Position noch nicht sicher, durch zu starkes Selbstbewußtsein Krisen heraufbeschwören, vor denen sie dann kneifen.

Präsident Truman hat die erste Befürchtung in seiner Erklärung weitgehend zerstreut, die zweite nach Meinung ziemlich vieler Leute allerdings verstärkt. Diese Leute finden, daß man in dem Augenblick, in dem sich die Außenminister zu einer eminent wichtigen Konferenz zusammensetzen und Rußland sich keine besondere Provokation hat zuschulden kommen lassen, nicht von Drohungen und Ultimaten reden solle, daß sich Amerika damit unnötig ins Unrecht setze und eine Einigung schwieriger und weniger wahrscheinlich werde.

Doch trifft das zu? Präsident Truman und seine Berater würden das sicher vehement abstreiten; und es spricht auch einiges für ihre Auffassung. Schließlich hat man es lange genug mit Geduld und Zurückhaltung versucht, und die Resultate waren bestenfalls mager. Zweiundzwanzig Monate nach Einstellung der Kampfhandlungen gibt es immer noch keine wirkliche Gewißheit auf Frieden in Europa. Auf jeden russischen diplomatischen Rückzieher kam eine neue kommunistische politische Offensive. Erst kürzlich mußte Amerika (und Großbritannien) die Kröte der »Wahlen« in Polen schlucken, eine himmelschreiende Verletzung der Beschlüsse von Jalta. Und genau zum jetzigen Zeitpunkt arbeitet eine »bewaffnete Minderheit«, unterstützt durch »Druck von außen« emsig daran, ein weiteres europäisches Land zu erobern: Ungarn.

Possenspiele wie die, daß Tito, der sich erst kürzlich den Spaß erlaubte, amerikanische Flugzeuge abzuschießen, nun Amerika um Hilfe anfleht, um sein Jugoslawien vor dem Hungertod zu retten, sind freilich schon pervers. Nicht minder, daß auch der Generalissimus Stalin neuerdings höchstpersönlich einsilbige Bitten um amerikanische Kredite vor sich hingrummelt. Ganz davon abgesehen, sind Rußlands ökonomische Schwäche und Erschöpfung ein mittlerweile offenes Geheimnis. Da es aber gleichzeitig den Frieden, den es selbst dringend braucht, hinauszögert und organisierte kommunistische Aggressionen unterstützt, sollte man vielleicht endlich die Tonart verschärfen, um dadurch zu einem Frieden zu gelangen.

In der Zwischenzeit hat Amerika längst wieder eine Politik der Leih- und Pachtgesetze eingeführt, wenn auch in geringem Umfang und diesmal ohne diplomatische Verrenkungen. Die Gründe für die Leih- und Pacht-Gesetze waren und sind in erster Linie ohnehin nie ökonomischer, sondern immer politischer Natur. Doch die ökonomische Seite ist keineswegs unwichtig; die Lieferungen kommen den Empfängerländern zugute, weil sie deren darniederliegende Wirtschaft wieder in Schwung bringen, und Amerika, weil es auf diese Weise seine riesigen Überschüsse los wird. Es spricht vieles dafür, daß die Lieferungen auf Leih-Pacht-Basis das wirkliche Geheimnis der relativen ökonomischen Zufriedenheit der Welt im Krieg waren. Die Einführung einer ähnlichen Politik im Frieden läßt zumindest darauf hoffen, daß der wirtschaftliche Wiederaufbau des Westens durch das

Warten auf eine vielleicht doch nie zustande kommende Übereinkunft mit Rußland nicht länger hinausgezögert wird.

Rußland bleibt ja auch unbenommen, eine Haltung einzunehmen, die den Realitäten und Grenzen seiner Macht entspricht. Es muß aufhören, seine Karten zu überreizen, und darf den Friedensprozeß in der Welt nicht länger blockieren. Es kann sogar, wie auch schon im Krieg, von dem mächtigen ökonomischen Schub profitieren, der wieder einmal aus den Vereinigten Staaten kommt.

* Leih- und Pachtgesetze: Im März 1941 verabschiedete der US-Kongreß ein Gesetz, das Präsident Roosevelt ermächtigte, Kriegsmaterial und Versorgungsgüter auf Leih- bzw. Kreditbasis für solche von Deutschland bedrohten Länder zur Verfügung zu stellen, deren Verteidigung für die amerikanische Sicherheit wichtig war. Nutznießer waren in erster Linie Großbritannien und später die Sowjetunion.

* Kredite: Der Kredit und die militärische Hilfe für Griechenland (US-Präsiddent Truman forderte die Bewilligung von 250 Millionen Dollar) wurde ausdrücklich auch zur Abwehr eines drohenden kommunistischen Putsches gewährt.

* Moskauer Konferenz: siehe folgenden Artikel.

* Wahlen in Polen: Der Wahlsieg des kommunistisch geführten »Demokratischen Block«vom 19. Januar 1947 war auf Manipulationen, Behinderung der Opposition und offene Wahlfälschungen begründet. Ein Protest der Westmächte konnte nicht verhindern, daß eine von Kommunisten geführte Regierung gebildet wurde, die die Opposition ausschaltete.

Moskau, das wirkliche Ergebnis

11. Mai 1947

Politiker und Diplomaten behaupten mittlerweile unisono, daß die Moskauer Konferenz sich schon insofern gelohnt hat, als die Differenzen zwischen den Westmächten und Rußland »deutlich« geworden sind, und in gewissem Sinne trifft das zu. Wenn auch vielleicht nicht so, wie man zunächst denken würde.

»Deutlich« geworden ist in Moskau, daß Rußland seine Bedingungen für Deutschland nicht als Verhandlungsmasse betrachtet und zu keinem Kompromiß bereit ist. Die Bedingungen sind sein Programm, auf dessen Umsetzung es immer noch hofft, ja drängt. Es ließ keinen Zweifel daran, daß es an einer Vereinbarung nicht interessiert ist, die die Neutralität Deutschlands festschreibt. Es will die deutsche Wirtschaft über die Reparationszahlungen eng an sich binden. Also weit davon entfernt, seine Einflußsphäre nicht über die Oder auszudehnen, will es sie bis zum Rhein und darüber hinaus erweitern. Das und nichts anderes ist in Moskau »deutlich« geworden.

Nach solchen Ergebnissen verleihen Politiker normalerweise unverdrossen ihrem Optimismus Ausdruck, daß mit Geduld durchaus gute und dauernde Vereinbarungen erreicht werden können. Auch das ist nicht falsch, bedarf aber der Übersetzung in eine weniger diplomatische Sprache. Es läuft nämlich auf die simple und womöglich aufrichtige Zusicherung der Konferenzteilnehmer hinaus, daß sie glauben, daß die Zeit auf »ihrer« Seite ist. Die Lage in Deutschland und allgemein in Europa ist alles andere als stabil. Schon das Unvermögen der Siegermächte, eine Einigung zu erzielen, hält alles im Fluß. Zumindest sehen zwei davon – Rußland und Amerika – die Chance, Europa eine ihren Zwecken förderliche Gestalt zu geben, auf friedlichem Wege natürlich. Beide sind überzeugt, daß der jeweils andere nach einer gewissen Zeit feststellen wird, daß er keine Wahl hat, als nachzugeben.

Mit anderen Worten, in Moskau wurden die Etappen eines Kampfes fixiert, der weit über Deutschland hinausreicht. Ganz Europa ist davon betroffen. Die »Vorgeplänkel und Scharmützel der Spähtruppen«, wie Marschall Stalin die Moskauer Diskussionen beschrieben hat, sind erledigt. Jetzt beginnt die eigentliche Schlacht.

In dieser Schlacht haben die Russen zwei große Vorteile. Erstens »liegt der Patient im Sterben«. Die wirtschaftliche Situation Westeuropas ist schlecht und wird, wenn man nichts dagegen tut, noch schlechter. Inflation in Frankreich, Arbeitslosigkeit in Italien, schlicht und ergreifend Hunger in Deutschland – all das arbeitet für Rußland, ohne daß es einen Finger krümmen muß.

Der zweite Vorteil besteht darin, daß seine Politik von langer Hand geplant ist und es ergebene Helfershelfer hat – die kommunistischen Parteien, schon stark und noch wachsend in Frankreich und in Italien, sogar in Deutschland auf dem Wege der Erholung. Amerika hat keine Marionettenpartei und da es für Demokratie und nationale Unabhängigkeit steht, kann es sich nicht einmal eine zulegen.

Kann es diese beiden Handikaps ausgleichen?

Amerika, und nur Amerika allein, hat die wirtschaftliche Macht, den wirtschaftlichen Niedergang Europas aufzuhalten. Kann es sich noch rechtzeitig dazu durchringen, diese Macht in dem notwendigen Ausmaß einzusetzen? Und ist es fähig, ökonomische Hilfe mit angemessenen, klugen, taktvollen und effektiven politischen Maßnahmen zu verbinden? Das sind die Fragen, von denen – da Großbritannien und Frankreich, wie wir alle wissen, selbst nicht können, wie sie wollen – das Schicksal Europas abhängt.

Es ist nicht einfach, eine überzeugende Antwort zu geben. Amerika hat keine Erfahrung mit außenpolitischen Schlachten in Friedenszeiten, und es leidet an einem Zuviel an Selbstvertrauen, das manchmal schrecklich mit anzusehen ist.

Darüber hinaus sind die verfassungsmäßigen Befugnisse Marshalls im Vergleich zu denen Bevins und allemal Molotows minimal. Um Verträge abzuschließen, braucht Marshall eine Zweidrittelmehrheit im Senat; um Kredite zu vergeben, die einfache Mehrheit in beiden Häusern. Der Kongreß hat fast zwei Monate gebraucht, um die läppischen Darlehen an Griechenland und die Türkei zu billigen; die noch knauserigen Hilfsgelder der United Nations Relief and Rehabilitation Administration sind im Repräsentantenhaus noch weiter gekappt worden; und es besteht die ernsthafte Gefahr, daß der italienische Friedensvertrag vom Senat abgelehnt wird. Mehr noch, die derzeitigen Mitglieder des Kongresses sind wegen des Versprechens gewählt worden, die öffentlichen Ausgaben zu senken. Alle Zeichen deuten darauf hin, daß der Kongreß die Schlacht um Europa mit kleinstmöglichem Einsatz gewinnen will.

Truman hat allerdings im Jahre 1941 bewiesen, daß ein gewiefter Staatsmann mit dem Kongreß fertig wird, vorausgesetzt, er verfolgt eine klare und gründlich durchdachte Politik.

Die Truman-Doktrin ist allerdings keine Politik; es ist eine allgemeine Absichtserklärung. Von ihrer erfolgreichen Anwendung ist über die hochgepriesenen Kredite an die Türkei und Griechenland hinaus nicht viel zu bemerken. Auch in anderen, gleichermaßen wichtigen Bereichen scheint Amerika mechanisch die alte Politik zu verfolgen, die auf dem neuen Schauplatz sinnlos ist.

Der Vertrag mit Italien, der das Land gegenüber dem kommunistischen Jugoslawien schwächt und entwaffnet, stammt aus der Quasi-Appeasement-Ära von Außenminister Byrnes. Die extreme und alles lähmende Dezentralisation in Deutschland, für die General Clay in Berlin so verbissen kämpft, stammt sogar aus einer noch weiter zurückliegenden Ära, der von Morgenthau. Daß das State Department Überholtes rasch über Bord wirft, wäre eine übertriebene Behauptung; ebenso die, daß es fix auf neue Situationen reagiert. Als Frankreich letzten Mittwoch seine erste Regierung ohne die Kommunisten bildete, fragten Journalisten Außenminister Marshall, ob es nun in absehbarer Zukunft einen Kredit bekommen werde. Worauf Marshall erwiderte, ein solcher Kredit werde zur Zeit nicht erwogen. Wie wenig diskret die Frage auch war, in ihr steckte dennoch mehr Sinn für die Realität und Dringlichkeit von Maßnahmen als in der Antwort.

Es besteht die sehr reale Gefahr, daß Krisen und daraus resultierende Chancen in Europa entstehen und vergehen, bevor sich Amerika noch entschlossen hat, darauf zu reagieren. In einigen Ländern – Frankreich, Deutschland – ist es schon in diesem Sommer soweit. Wenn Amerika diesen Sommer nicht nutzt, wird der nächste Winter Rußlands Werk vollenden.

* Moskau: Außenministerkonferenz der vier Mächte (Großbritannien, USA, Frankreich und Sowjetunion) vom 10. März bis 24. April.

* United Nations Relief Rehabilitation Administration: UN-Hilfsprogramm für Flüchtlinge, Verschleppte, ehemalige Zwangsarbeiter und Kriegsgefangene.

Außenminister Marshalls Rede am 5. Juni 1947 war staatsmännisch klug, und die darin vorgeschlagene Idee, Amerika werde ein gemeinsames Europäisches Wiederaufbauprogramm mit in die Wege leiten, ist simpel, raffiniert, genial. Mit einem Schlag können viele Probleme gelöst und zahlreiche Gefahren beseitigt werden. Zunächst aber lohnt es sich, einmal innezuhalten und die Kühnheit zu bedenken, zu der amerikanische Politiker durch die verfassungsmäßigen Hürden und Hindernisse im Kongreß immer wieder gezwungen sind. Marshalls Plan ist heute genauso kühn wie die Leih- und Pacht-Gesetze vor sechs Jahren, als Amerika Güter und Waffen nach Großbritannien und Rußland lieferte und damit den Kriegsverlauf entscheidend beeinflußte.

Die Leih- und Pacht-Gesetze waren für die Nutznießer eine rundum gute Sache, ja, die Rettung. Doch sie waren auch eine Rettung für die Vereinigten Staaten: Der Krieg wurde aus Nord- und Südamerika herausgehalten, und sie bekamen die dringend benötigte Zeit, ihre Verteidigung vorzubereiten. Heute rettet Marshalls Plan nicht nur Europa vor dem ökonomischen Ersticken und dem politischen Kollaps, sondern schiebt auch in Amerika die vielbefürchtete Konjunkturkrise auf unbestimmte Zeit hinaus und sorgt dafür, daß das Land seine Stellung als führende Weltmacht mit friedlichen, humanitären Mitteln behält.

Heilmittel

In einer Hinsicht übertrifft Marshalls Plan Präsident Roosevelts Einfall, mit dem der Krieg gewonnen wurde. Er begnügt sich nicht damit, die Tagesprobleme zu lösen; er will der gegenwärtigen Notlage unbedingt und definitiv einen Vorteil für die Zukunft abringen.

Wenn Marshalls Vorhaben Erfolg hat, wird er Europa nicht nur heute retten, sondern uns auch weit auf den Weg zu einem vereinten Europa bringen und auf diese Weise Weltfrieden und Wohlergehen der Völker zu einer festeren Grundlage verhelfen, als sie sie je besaßen.

»Hilfe«, betont Marshall, »darf nicht immer nur stückweise und nur dann gewährt werden, wenn irgendwo Krisen entstehen. Jede Hilfe, die diese Regierung zukünftig gewährt, sollte Heilmittel und nicht bloß Linderung sein. (...) Die Rolle dieses Landes sollte darin bestehen, beim Entwurf eines Programms für Europa freundschaftlichen Rat zu geben und ein solches Programm so lange zu unterstützen, wie es sinnvoll für uns ist. Es sollte sich um ein gemeinsames Vorhaben handeln, auf das sich eine Anzahl europäischer Nationen, nach Möglichkeit alle, verständigen.«

Es wäre ein Leichtes gewesen, das konstruktive Element wegzulassen und den europäischen Ländern, die bedürftig und brav genug sind, einfach nur mehr Kredite zu versprechen. In der schrecklichen Dollar-Krise Europas wäre selbst das ein Geschenk des Himmels gewesen.

Aber was hätte man langfristig gewonnen, wenn man immer nur Kredite wie an Griechenland und die Türkei gewährt hätte? Wann hätten diese ständigen finanziellen Bluttransfusionen ein Ende gefunden? Und wie bald wäre Amerika es müde geworden, gutes Geld in wacklige »Unternehmen« zu stecken? Um die amerikanische Öffentlichkeit aus der ausschließlichen Beschäftigung mit wirtschaftlichen Problemen und dem Isolationismus der Erschöpfung herauszureißen, mußten neue Perspektiven entwickelt werden. Auch deshalb bittet Marshall Europa um einen gemeinsamen Plan für den Wiederaufbau des Kontinents, der von »einer Anzahl europäischer Nationen, nach Möglichkeit allen«, ausgearbeitet wird.

Ein solcher Plan würde der amerikanischen Regierung ein neues Argument liefern, mit dem sie den Kongreß zur Bewilligung der Dollars bringen könnte, ohne die Europa in absehbarer Zeit in weiten Teilen Hunger leiden wird. Gleichzeitig würde der Plan, und nur er allein, Europa die Chance eröffnen, von seiner derzeitigen Bettelei wegzukommen und eine gesamteuropäische Wirtschaft zu entwickeln, die beim heutigen Stand der Industrieproduktion eine wesentliche Bedingung für Wohlstand ist.

Und schließlich würde eine solche wirtschaftliche Einheit Europas das Ende – das schmerzlich überfällige Ende – der Kriege zwischen den europäischen Nationen sein. Letztendlich bietet Marschall in seiner Rede Europa nicht nur die Rettung aus der schwelenden Dollarkrise, sondern auch die Entbalkanisierung an. Er ist bereit, Europas Bitten zu erhören – vorausgesetzt, die Bitten sind vernünftig. »Vereinigt euch oder geht unter!« Der verzweifelte Schrei guter Europäer taucht plötzlich als klarer, ernsthafter Geschäftsvorschlag des amerikanischen Außenministers wieder auf.

Auf den ersten Blick hat Marshalls Angebot keinen bestimmten Adressaten. Er nennt die Staaten nicht, die er bittet, die Köpfe zusammenzustecken und ein gemeinsames europäisches Programm zu entwerfen, das Amerika unterstützen kann. Er macht zwar den ersten Schritt, verlangt aber gleichzeitig, daß jemand in Europa die Führung übernimmt. Denn irgend jemand muß die Initiative auf dem Kontinent ergreifen, damit diese Gelegenheit nicht verstreicht.

Der Kreis der Länder, die aktiv werden können, ist nicht groß. Zunächst werden sich alle Blicke auf Großbritannien richten. In gewisser Weise hat Außenminister Marshall heute für Amerika, zu einer Wende in der europäischen Geschichte aufgerufen, zu der Großbritannien schon 1940 einen kurzen, ruhmreichen Moment lang hätte aufrufen können – es aber nicht getan hat. Nun gibt Marshall Großbritannien eine zweite Chance. Wir können »uns selbst durch unsere eigenen Anstrengungen und Europa durch unser Beispiel retten«.

Unser ökonomisches Debakel ist kaum weniger bedrohlich als das anderer europäischer Länder, und die rettende Hand streckt sich uns ebenso wie ihnen entgegen. Wenn wir uns an die Spitze der Aktivitäten auf europäischer Seite setzen, haben wir mehr zu gewinnen als die auch bei uns dringend benötigten Dollars. Wir können die führende Rolle bei der Vereinigung Europas übernehmen und das gewinnen, was wir am meisten brauchen: größere Sicherheit und bessere wirtschaftliche Entwicklungsmöglichkeiten.

Marshalls Vorschlag sollte auch mit vielen unproduktiven Kontroversen in diesem Land Schluß machen. Die Labour-Rebellen können nicht länger behaupten, Großbritannien habe nur die Wahl zwischen der Anlehnung an Amerika und der engen Kooperation mit den freien europäischen Demokratien. Außenminister Marshall fordert uns auf, beides gleichzeitig zu tun. »Amerika oder Europa« war immer eine falsche Alternative für Großbritannien. Merkwürdigerweise haben sich auch die traditionelleren Konservativen manchmal von diesem falschen Gegensatzpaar in die Irre leiten lassen.

Großbritanniens Chance

Es ist deutlich geworden, daß Großbritannien und auch jeder andere europäische Staat auf dieser Seite des Atlantik für die Vereinigten Staaten nur von begrenztem Interesse ist. Doch ein Bund europäischer Staaten, wenn auch nur zu unmittelbar ökonomischen Zwecken zusammengeschlossen, ist für die Amerikaner sinnvoller. Wenn wir unsere nationalen Differenzen nicht überwinden und lieber getrennt untergehen als gemeinsam prosperieren, können wir zumindest nicht den Vereinigten Staaten vorwerfen, sie hielten uns absichtlich auseinander.

Sich darauf zu verlassen, daß die Wirtschaftskommission der Vereinten Nationen für Europa in Genf ein Mittel ist, auf dem notwendigen Niveau größere Einheit zu erreichen, hieße die Realitäten zu verkennen. Im Gegenteil, es ist sehr zweifelhaft, ob »diplomatische« Schritte uns überhaupt weit in Richtung einheitlicher Wirtschaftsplanung bringen. Denn die Diplomatie ist der Bereich, in dem sich nationale Souveränität immer als besonders empfindlich und damit höchst hinderlich erweist. Wir brauchen einen »Monnet-Plan« für ganz Europa!

Außenminister Bevin hat nun endlich Gelegenheit, der einzig zutreffenden Kritik seiner Politik entgegenzutreten – daß er immer mehr betont, wogegen er ist, als wofür. Wir warten schon lange auf konstruktive Vorschläge in seinen Reden. Nun hat er die Chance, an der Verwirklichung des jahrhundertealten Traums europäischer Staatsmänner mitzuarbeiten: an der Einigung Europas.

* Monnet-Plan: Jean Monnet entwarf nach 1945 für Frankreichs Basisindustrien ein Modernisierungsprogramm, in dem die Marshall-Plan-Gelder besonders effektiv eingesetzt wurden.

Rußlands kompromißlose Ablehnung eines jeden gemeinsamen europäischen Wiederaufbauprogramms ist ein historischer Wendepunkt. Doch im Moment trägt diese Erkenntnis wenig oder gar nichts zu einer Klärung bei. Es gibt nur viele offene Fragen, die alle einer Beantwortung harren.

Noch ist Osteuropa nicht für immer hinter dem Eisernen Vorhang verschwunden. Man sollte eher sagen, daß der Kampf um Osteuropa jetzt erst ernsthaft beginnt.

Zu der nächsten Konferenz über das Angebot Außenministers Marshall sind alle osteuropäischen Staaten eingeladen, doch man muß damit rechnen, daß Rußland, das sich selbst ausgeschlossen hat, starken Druck ausüben wird, damit auch sie ablehnen. Ob dieser Druck den gewünschten Effekt hat, bleibt dahingestellt. Ganz gewiß aber wird er das innenpolitische Gefüge der ohnehin schwer bedrängten Länder vor eine neue Zerreißprobe stellen.

Denn es kann auch nicht der geringste Zweifel daran bestehen, was diese Nationen, eine wie die andere, wollen und vor allem tun würden, wenn sie die Freiheit hätten, ihren eigenen dringlichen Interessen zu folgen. Polen, Ungarn und Jugoslawien gehören jetzt schon zu den Hauptnutznießern der UN-Hilfsprogramme. Wie können die Politiker dieser Länder ihren hungrigen Völkern ins Gesicht sehen, wenn sie sie nun der russischen Machtpolitik opfern und bewußt die großzügig angebotene Hilfe ausschlagen?

Den unterentwickelten, kriegszerstörten Ländern Osteuropas, die gerade in letzter Zeit heftig bluten müssen, um Rußland in seiner himmelschreienden Not zu unterstützen, verspricht das Angebot Marshalls dreifachen Segen: dringend benötigte direkte Hilfe, längst fällige landwirtschaftliche und industrielle Entwicklung und die Wiederherstellung ihrer natürlichen ökonomischen Bindungen an Westeuropa. Da müssen selbst kommunistisch dominierte Regierungen sehr hartgesotten sein, um eine solche Offerte einfach auszuschlagen. Und wenn sie es tun, müssen sie sich gut überlegen, wie sie es ihrer Bevölkerung erklären.

Molotow meint natürlich, daß er Regierungen wie Völker mit den Bajonetten der Roten Armee und der Drohung willkürlicher Verhaftung – schließlich hat er großen Einfluß auf ihre Polizei – zum Gehorsam zwingen kann. Aber das ist ein gefährlicher Gedanke. Die gegenwärtig schwelende diplomatische Krise wegen Ungarn, Rumänien und Bulgarien, die bisher durch die Hoffnung auf letztendliche Versöhnung auf einer breiteren Basis mehr oder weniger unter Kontrolle war, würde sich unweigerlich zuspitzen.

Vorläufig fällt es also Großbritannien und Frankreich zu, eine gemeinsame Antwort auf Marshalls Angebot zu formulieren, was Bandbreite und Atmosphäre der britisch-französischen Beziehungen mit Sicherheit beeinflussen wird. Die beiden Nationen haben im übrigen schon in den letzten drei Wochen mehr zusammengearbeitet als irgendwann sonst seit 1939 und sind sich dabei entsprechend näher gekommen. Um in dem nun begonnenen, großen gemeinsamen Unternehmen Erfolg zu haben, müssen die beiden Nationen die umfassende Entente von vor vierzig Jahren erneuern, was Anlaß für eine gründliche Bestandsaufnahme und die Beilegung aller noch ausstehenden Konflikte zwischen ihnen sein sollte.

Drei davon sind mehr als dringlich: Nordafrika, Spanien und – am schicksalhaftesten – Deutschland.

Aus Ägypten, dem Zentrum der Arabischen Liga, wird das französische Protektorat Marokko bedroht. Unsere Position in Ägypten ist zwar heute sehr viel anders als in der Vergangenheit, doch unsere Beziehungen zu den Staaten der Arabischen Liga sind immer noch so, daß unser freundlicher Rat einiges zählt. Noch hat sich die marokkanische Frage nicht zur Krise ausgewachsen, und kluge Präventivmaßnahmen können vielleicht verhindern, daß es jemals soweit kommt.

Die spanische Frage wiederum ist schon so lange in einem akuten Krisenstadium, daß eine klare, eindeutige Lösung längst überfällig ist. Wobei nicht zu leugnen ist, daß die französische Haltung zu Spanien schon immer konsequenter war als unsere – und auf keinen Fall untauglicher.

Befriedigende Beziehungen zwischen dem gegenwärtigen spanischen Regime und den restlichen westeuropäischen Regierungen sind unmöglich; das immerhin wird explizit dadurch betont, daß Spanien nicht zur Pariser Konferenz eingeladen wurde. Andererseits kann man eine große Nation nur wegen einer Regierung, die ihr letztlich durch ausländische Intervention aufgezwungen worden ist, nicht auf ewig moralisch und ökonomisch unter Quarantäne stellen.

Nun, da Gesamteuropa auf dem Prüfstand steht und zumindest Westeuropa für lange Zeit eine neue Gestalt erhält, ist sicher der Zeitpunkt gekommen, durch ein Embargo auf lebenswichtige Importe nach Spanien dem mörderischen Franco-Spuk ein Ende zu bereiten. Besser ein paar Wochen drastische wirtschaftliche Sanktionen und danach volle Kooperation mit einer zivilisierten spanischen Regierung als weitere Jahre der Entfremdung wegen einer künstlich installierten Tyrannei.

Das bei weitem größte Problem schließlich, das Frankreich und Großbritannien trennt, die Zukunft Deutschlands und besonders des Ruhrgebiets, präsentiert sich zum ersten Mal in einem hoffnungsvolleren Licht. Ein Wiederaufbau Europas ohne den Wiederaufbau des Ruhrgebiets ist undenkbar; gleichzeitig liegt es auf der Hand, daß ein mit amerikanischem Kapital – auch um eines stabilen und wirtschaftlich blühenden Europa willen – wiederaufgebautes Ruhrgebiet nicht ausschließlich im Besitz und unter der Verwaltung Deutschlands und der Deutschen sein kann.

Während den Deutschen das Ruhrgebiet als Europäern zugute kommen soll, zu genau den gleichen Bedingungen wie den anderen Europäern, sollten die Nationen, die sich an dem neuen Plan beteiligen, insbesondere Frankreich, an der Kontrolle des Ruhrgebiets beteiligt werden. Dieses feuerspeiende Zentrum eines wiedererstehenden europäischen Wohlstands – das erste »europäische« Industriegebiet – wäre Keimzelle der Vereinigten Staaten von Europa einschließlich Frankreichs und Deutschlands – nicht mehr als potentielle Feinde, sondern als Partner in einer großen, dauerhaften, neuen Union.

* Paris: Am 12. Juli begann in Paris eine Konferenz von 16 Nationen zur Erörterung des Marshall-Plans. Alle Länder im Hegemoniebereich der Sowjetunion lehnten die Annahme der Marshall-Plan-Hilfe später ab.

Die Demontage Deutschlands

5. Oktober 1947

In etwa einer Woche sollen zwischen achthundert und neunhundert deutsche Fabriken als »überschüssige Kapazität« von den Oberbefehlshabern der zusammengelegten Britischen und Amerikanischen Zone erfaßt und zwecks unverzüglicher Demontage und baldigen Abtransports als Reparationsleistungen beschlagnahmt werden. Die deutschen Gewerkschaften haben auf diese Nachricht mit der Aufkündigung der Zusammenarbeit gedroht, woraufhin General Clay, der amerikanische Oberbefehlshaber, mit der Unterbrechung der Nahrungsmitteltransporte nach Deutschland drohte.

Offensichtlich stehen wir vor einer Krise in unserer Besatzungspolitik, und vielleicht ändern sich in den nächsten Wochen sowohl der Charakter der Besatzung wie auch die Beziehungen zwischen unseren Streitkräften und der deutschen Bevölkerung radikal. Die britische Öffentlichkeit hat etwa eine Woche Zeit, das Problem mit all seinen Implikationen zu erörtern und sich eine Meinung zu bilden.

Die Entscheidung, Reparationen in Form deutscher Produktionsanlagen abzuziehen (wobei fünfundzwanzig Prozent der westdeutschen Anlagen für Rußland vorgesehen waren), wurde ursprünglich im August 1945 in Potsdam getroffen. Offiziell herrscht die Auffassung, daß wir einfach nur das Potsdamer Abkommen umsetzen. Aber ist das so einfach?

Tote Buchstaben

Die Grundlage des Potsdamer Abkommens, das Deutschland als wirtschaftliche Einheit behandelte, ist von den Russen zerstört worden. In seiner Zone hat Rußland von Anfang an Reparationen aus der laufenden Produktion genommen, was nicht im Einklang mit dem Potsdamer Abkommen stand. Das Argument, wir seien hinsichtlich der Reparationspolitik in unserer Zone immer noch an Potsdam gebunden, ist deshalb schwer aufrechtzuerhalten. Wenn wir nun plötzlich beschließen, die toten Buchstaben des Abkommens wiederzubeleben und die Demontagemaßnahmen durchzuführen, die dort festgelegt sind, ist das eine neue, eigenständige Entscheidung und wir müssen sie mit der aktuellen Entwicklung begründen können.

Mit allgemein politischen Erwägungen geht es nämlich nicht so leicht. Das Potsdamer Abkommen war von zwei Gedanken geprägt: erstens, daß das Kriegspotential in Deutschland – und nur in Deutschland – eine Gefahr für den Frieden darstellte, und zweitens, daß Deutschland zum Agrarstaat, zur »ländlichen Idylle« gemacht werden könne und solle. Keine dieser beiden Meinungen wird heute noch ernsthaft vertreten. Gewiß müssen strenge Sicherheitsvorkehrungen getroffen werden, damit Deutschland nicht noch einmal die Möglichkeit zur Kriegsführung bekommt. Doch aus Sicherheitsinteressen kriegswichtige Anlagen aus dem besetzten Westdeutschland nach Rußland zu transportieren ist in der heutigen Weltsituation aus britisch-amerikanischer Sicht purer Wahnsinn. Und was die »ländliche Idylle« angeht, herrscht nun sogar überall die Auffassung, daß sich Europa ohne den Beitrag einer wieder funktionierenden deutschen Industrie ohnehin niemals erholen kann.

Bitteres Paradox

Bleibt das rein ökonomische Interesse der Empfängerländer an zusätzlichen Fabriken aus Deutschland. Großbritannien will zum Beispiel im Moment die Stahlproduktion ankurbeln; ein paar zusätzliche Walzwerke kämen da ganz zupaß. Das Gleiche gilt womöglich für Frankreich. Ob die anderen Länder mit einem Anrecht auf Reparationen ihren Anteil der achthundert bis neunhundert Fabriken jetzt überhaupt gebrauchen können, bleibt abzuwarten. Trotzdem, diese Überlegungen sprechen durchaus zugunsten einer gezielten Demontage. Dagegen müssen die Nachteile abgewogen werden.

Sie bestehen darin, daß sowohl die wirtschaftlichen als auch die politischen Ziele unserer Besetzung Deutschlands erheblich gefährdet werden.

Es ist ein bitteres Paradox, daß diese beispiellose Maßnahme ökonomischer Willkür und Zerstörung ausgerechnet in dem Moment verfügt wird, da die Briten und Amerikaner ernsthaft zu einer Politik des ökonomischen Wiederaufbaus Westdeutschlands im europäischen Rahmen entschlossen sind. General Clay hat vollkommen recht, wenn er sagt, daß die Deutschen auf Jahre hinaus alle ihre Kräfte – und jede Menge britisch-amerikanische Hilfe dazu – brauchen, um das Produktionsniveau zu erreichen, das für die westdeutsche Industrie nun geplant ist. Ist es ein guter Beginn, daß sie diese Kräfte zunächst einmal beim Demontieren vergeuden sollen? Selbst wenn man absolut sicher wäre – was aber nach menschlichem Ermessen unmöglich ist –, daß man auf die achthundert bis neunhundert konfiszierten Fabriken in dem eng miteinander verflochtenen Organismus der westdeutschen Wirtschaft verzichten könnte, ist es psychologisch ausgeschlossen, daß sich Menschen zu einer großen, kooperativen Aufbauleistung aufraffen, wenn sie gleichzeitig den Befehl zur Selbstverstümmelung befolgen müssen.

Man rechnet damit, daß die Demontage etwa zwei Jahre dauert und in ihrem Verlauf viele Arbeiter aus den beschlagnahmten Fabriken in andere umgesetzt werden müssen. Ein solches Vorgehen wäre selbst in einer gesunden, blühenden Wirtschaft äußerst riskant. Doch hier haben wir es mit einer todkrank darniederliegenden Wirtschaft zu tun, deren unterernährte Arbeiter in schlechten Wohnungen leben, der es an Kohlen und Transportmöglichkeiten fehlt, in der Rohstoffengpässe ständig Stockungen verursachen. Wir wollen die deutsche Wirtschaft wiederbeleben und in neue Bahnen lenken und planen gleichzeitig für die nächsten zwei Jahre Demontagen.

Selbst wenn es keine politischen Proteste gibt, sondern untertänige Kooperation auf breiter Ebene, wird das zwangsläufige Resultat dieser Politik sein, daß Deutschlands Wiederaufbau um mindestens zwei weitere Jahre zurückgeworfen wird. Doch kooperieren werden die deutschen Arbeiter und Verwaltungsstellen ohnehin nicht, was im Moment vielleicht nicht wie eine ernsthafte Bedrohung aussieht. Man kann die Leute ja auch zwingen. Aber wenn wir sie zwingen, gehen wir gegen eben die Kräfte vor, die wir fördern wollten: die Gewerkschaften, die demokratischen Parteien, die kooperationswilligen Verwaltungsstellen. Und damit spielen wir den deutschen antidemokratischen Extremisten, ob rechts oder links, in die Hände.

Die Ruhr 1923

Unsere Entscheidung heute erinnert in vieler Hinsicht an die der Franzosen im Januar 1923, als sie das Ruhrgebiet besetzten. Auch die Franzosen hatten legitime Gründe für ihre Maßnahmen, auch sie konnten einen gewissen unmittelbaren ökonomischen Vorteil davon erwarten. Außerdem konnten sie sicher sein, das bißchen Widerstand, das Deutschland 1923 aufbieten konnte, zu brechen. Doch sie erreichten nur, daß Deutschland sich im Widerstand gegen sie, die Franzosen, vereinigte; sie schufen eine Stimmung der Verzweiflung und gaben den ersten Schuß zu einem erneuten Krieg ab.

Nun sind wir dabei, einen ähnlichen Kurs einzuschlagen. Niemand kann die Konsequenzen ermessen, die sich aus dem Demontageerlaß ergeben; jeder, der auch nur ein bißchen politischen Instinkt besitzt, sieht, daß sie schwerwiegend sind. Bedenken wir sie und halten wir uns zurück, solange noch Zeit ist.

Jakob Kaiser

4. Januar 1948

Jakob Kaiser, den die sowjetischen Besatzungsbehörden von seinem Posten als Führer der Christlich-Demokratischen Union in der Russischen Zone Deutschlands entfernen wollen, ist das seltene Exemplar eines lebenden deutschen Politikers, bei dem sich gute Absichten und Fähigkeiten glücklich vereinen und vielleicht sogar einen Staatsmann hervorbringen. Auf Grund seiner guten Absichten schlug er einen politischen Kurs ein, den viele von vornherein zum Scheitern verdammt sahen. Er versucht nämlich seit zwei Jahren, durch Kooperation mit den Russen und den deutschen Kommunisten Ost und West zu versöhnen. Für ihn war dieser Versuch eine Gewissensfrage – er ist ein tief gläubiger Mann –, und er verfolgte ihn trotz vieler Rückschläge beharrlich, mit großem Geschick und persönlichem Mut. Nun scheint es, als könne er nicht weitermachen, ohne die Grundprinzipien aufzugeben, um derentwillen er die ganze Anstrengung auf sich genommen hat.

*

Ein ausländischer Beobachter in Berlin bemerkte einmal scharfsinnig, wenn man heute in Deutschland vom Westen und Osten spreche, sei das gefährlichste Wort »Abendland«. Die Deutschen fielen schnell auf das oberflächliche Schema »West gegen Ost« herein. Dementsprechend ist der Westen (im Moment von der Elbe begrenzt) eine christlich individualistische, aufgeklärte Zivilisation, traditionell mit dem Monopol auf Bürgertugenden und technische Effizienz, während der Osten (irgendwo zwischen Elbe und der Beringstraße) für eine seltsam furchterregende Melange aus Marxismus, mystischem Kollektivismus, barbarischen Urkräften und schlichter Schlamperei steht. Der Westen wird ebenso verachtet, wie er geliebt wird, und der Osten fasziniert ebenso, wie er Furcht einflößt. In den Teilen Deutschlands, in dem Gedanken noch frei ausgedrückt werden dürfen, werden die Menschen also entweder »Verteidiger des Bollwerks« oder »Brückenbauer«.

Jakob Kaiser ist ein extremer Vertreter der Brückenbauer-Fraktion. Seine Motivation wurzelt in seinem tiefen Glauben an die Einheit der deutschen Nation. Um die deutsche Nation und die deutsche Seele zu retten, will er eine doppelte Brücke bauen. Eine diplomatisch-politische: Deutschland soll die Ost- und Westmächte stabil miteinander verbinden; eine geistige Brücke: Der deutsche christliche Sozialismus soll das Christentum des Westens mit dem Marxismus des Ostens vereinigen.

Kaiser wurde 1888 in Hammelburg in Süddeutschland als eines von zehn Kindern einer Arbeiterfamilie geboren. Mit dreizehn verließ er die Schule und begann eine Buchbinderlehre. Durch die Gewerkschaftsbewegung kam er früh zur Politik. Mit vierundzwanzig arbeitete er schon aktiv bei der Zentrumspartei mit und wurde zwei Jahre später Funktionär im Gesamtverband Christlicher Gewerkschaften in Köln.

Nach dem Ersten Weltkrieg war er weiter politisch und gewerkschaftlich aktiv, wurde 1925 Geschäftsführer der Christlichen Gewerkschaften in Rheinland/Westfalen und schließlich für das Zentrum Mitglied des Reichstags. Als er sich 1933 weigerte, seine Gewerkschaften den Nazis zu unterstellen, und verhaftet werden sollte, ging er in den Untergrund und arbeitete weiter illegal an dem Versuch, die deutsche Arbeiterbewegung zusammenzuhalten. 1938 wurde er wegen Hochverrats verhaftet, doch nach zehn Monaten wegen Mangels an Beweisen freigelassen.

*

Während des Zweiten Weltkriegs machte Kaiser mit der Untergrundarbeit weiter; er war Mitglied der Gewerkschaftsgruppe, die mit der erfolglosen Verschwörung des 20. Juli in

Verbindung stand. Nur weil er sich neun Monate in einem Keller in der Nähe Berlins versteckte, entging er im Gegensatz zu so vielen seiner Mitverschwörer und engen Freunde der Exekution. In seiner heutigen Politik erkennt man deutlich die Spuren von Ideen zur deutschen Ostpolitik, wie sie links orientierte Teilnehmer des 20. Juli entwickelt hatten.

Nach dem Zusammenbruch des Nationalsozialismus gehörte Kaiser zu den Gründern der heutigen Christlich-Demokratischen Union, einer ziemlich bunt zusammengewürfelten Schar, in der er den linken Flügel repräsentiert. Im Dezember 1945 wurde er Vorsitzender der Partei in Berlin und der Sowjetischen Besatzungszone.

Beim ersten Eindruck sieht Kaiser aus wie ein russischer General und redet wie ein Laienprediger. Mittelgroß, leicht gebaut, steht er kerzengerade und hocherhobenen kahlen Hauptes da. Buschige Augenbrauen, hohe Wangenknochen und eine breite mächtige Nase verleihen seinem Gesicht eine gewisse Strenge. Doch seine mittlerweile sehr müden Augen und sein Mund verraten tiefe Menschlichkeit. Im Grunde ist er ein einfacher, offener und ungeheuer mutiger Mann. Von Natur aus scheu, hält er sich auch aus politischen Gründen zurück.

*

Kaiser hat in den letzten beiden Jahren große politische Schwierigkeiten gehabt und erhebliche Gefahren durchgestanden, furchtlos hat er stets seine Meinung gesagt, wenn er es für richtig hielt. Während er sich einerseits bemühte, bei den Russen keinen Anstoß zu erregen, versuchte er andererseits, seiner Partei ein gewisses Maß an Unabhängigkeit zu bewahren. Privat und öffentlich protestierte er immer wieder gegen die undemokratischen Methoden der von den Kommunisten dominierten Sozialistischen Einheitspartei und den Mangel an individueller Sicherheit in der Russischen Zone. Weil er versuchte, zwischen den sowjetischen Machthabern und den deutschen Kommunisten zu unterscheiden, und glaubte, mit beiden einen gangbaren Kompromiß finden zu können, zieh man ihn der Naivität und warf ihm vor, sich willfährig für die kommunistische Einheitspropaganda mißbrauchen zu lassen. Seine Kritiker sagen, er möge ja ein Heiliger sein, doch im Umgang mit kommunistischen Realisten komme man mit Heiligkeit nicht sehr weit.

Die Russen sind zunehmend unzufrieden mit ihm. Ein Vorwand, ihn aus dem Amt zu jagen, ergab sich, als er letzten Monat nicht an dem von den Kommunisten organisierten »Volkskongreß für Einheit und gerechten Frieden« in Berlin teilnahm. Daraus könnte man allerdings den Schluß ziehen, daß gerade das Scheitern der Politik Kaisers ein Erfolg ist. Sein Widerstand und die gesetzwidrigen Versuche, ihn auszubooten, zwingen die sowjetischen Behörden, nun auch das letzte demokratische Deckmäntelchen fallen zu lassen. Heute sieht die deutsche Öffentlichkeit diesseits und jenseits der Elbe Jakob Kaiser und nicht den »Volkskongreß« als glaubwürdigen Fürsprecher ihrer Hoffnungen auf »Einheit und gerechten Frieden« an.

* Der 1. Deutsche Volkskongreß trat am 6./7. Dezember 1947 zusammen und beschloß die Bildung eines Volksrats, der den »Kampf für die Einheit Deutschlands« führen sollte – und langfristig eine Verfassung für die spätere DDR ausarbeitete.

Eine Union: Jetzt oder nie *18. Januar 1948*

Die Geschichte Europas im neunzehnten Jahrhundert war die Geschichte beinahe ungebrochenen Fortschritts in Richtung größeren Wohlstands, größerer Macht und größerer Freiheit; nun im zwanzigsten Jahrhundert sehen wir allenthalben einen Abstieg in Armut, Ohnmacht und Knechtschaft. Warum?

Die körperlichen und geistigen Lebenskräfte der europäischen Völker sind nicht erschöpft. Der wissenschaftliche, technische und industrielle Fortschritt ist in schwindelerregendem Tempo weitergegangen. Doch die politische Entwicklung Europas, die im neunzehnten Jahrhundert im Gleichschritt mit dem technischen Fortschritt verlief, befindet sich nun im zwanzigsten Jahrhundert im Rückwärtsgang. Mit katastrophalen Folgen.

Damit eine Massenproduktion florieren kann, braucht sie größere Märkte; größere Mobilität erfordert zur Gewährleistung der eigenen Sicherheit größere Verteidigungsräume: Ohne Sicherheit gibt es keine Freiheit. Im neunzehnten Jahrhundert beugte sich Europa diesen Gesetzmäßigkeiten instinktiv. Italien und Deutschland entstanden aus einer Vielzahl kleiner Staaten, Frankreich und Großbritannien expandierten nach Übersee. Die kleinen politischen Gemeinwesen des Postkutschenzeitalters wichen den größeren des Dampfmaschinenzeitalters.

Raketen und Atom

Seitdem sind wir in das Zeitalter der Luftfahrt, der Raketen und des Atoms eingetreten. Doch politisch ist Europa im Dampfmaschinenzeitalter stecken geblieben und in weiten Bereichen sogar ins Postkutschenzeitalter zurückgefallen. Österreich und Deutschland sind zerstückelt worden, die überseeischen Reiche Frankreichs und Großbritanniens zurechtgestutzt oder zu mehr oder weniger eigenständigen Staaten geworden. Während des gesamten zwanzigsten Jahrhunderts ist das politische Europa gegen den Strom der anhaltenden industriellen Revolution geschwommen. Was für ein Armutszeugnis für die Staatsmänner zweier europäischer Generationen!

Als Ergebnis dieses Versagens ist der Kontinent in weniger als fünfzig Jahren von einer Führungsposition in der Welt in einen Zustand erbärmlicher Armut und Unsicherheit gefallen. Jeder einzelne existierende europäische Staat, einschließlich Großbritanniens, ist heute als wirtschaftliche und Verteidigungseinheit nicht mehr haltbar. Kein einziger kann mit eigener Kraft seinen Bürgern ihr tägliches Brot im Frieden und Haus und Hof im Krieg garantieren. Folglich erleben heute dreihundertundfünfzig Millionen der begabtesten, kultiviertesten und zupackendsten Menschen, wie sich ihre Lebensbedingungen von Tag zu Tag verschlechtern und die Atmosphäre um sie herum von zunehmenden Zynismus und wachsender Demoralisierung geprägt ist. Hilflos sehen sie die Katastrophe nahen und fühlen sich ohnmächtig, sie abzuwehren. Die Macht ist von Europa auf Amerika und Rußland übergegangen, nicht weil die Amerikaner und Russen Talente oder Tugenden besitzen, an denen es den Europäern mangelt, sondern weil Amerika und Rußland politische Strukturen des zwanzigsten Jahrhunderts besitzen, während Europa ein ewig gestriges Staatengewirr aus dem neunzehnten, ja achtzehnten Jahrhundert bleibt.

Hilfloses Opfer

In dieser veralteten politischen Struktur war Europa das hilflose Opfer der deutschen Aggression unter Hitler; nach dem Krieg war es unfähig, wirtschaftlich wieder auf die Beine zu kommen, ein Drittel ist seitdem unter direkte oder indirekte russische Herrschaft geraten, und der gesamte Kontinent erwartet von dem drohenden amerikanisch-russischen Konflikt nichts als eine Wiederholung des tödlichen Kreislaufs von Invasion, Okkupation, Widerstand, Unterdrückung, Bombardierung und bestenfalls Befreiung durch eine Gegeninvasion.

Ist es zu spät, diese Tragödie abzuwenden? Kann sich Europa noch vereinigen, seine latenten Kräfte mobilisieren und Freiheit, Sicherheit und Wohlstand wiedergewinnen? Alles deutet darauf hin, daß das Jahr 1948 diese Frage beantworten wird und daß wir uns im Augenblick auf das zubewegen, was Präsident Roosevelt »ein Rendezvous mit dem Schicksal« genannt hat.

Drei Problemkreise drängen auf rasche Entscheidung:

Zuerst der »kalte Krieg« zwischen Amerika und Rußland, der jederzeit in einen richtigen Krieg umschlagen kann. Er zwingt Europa über seine Sicherheit nachzudenken, eine Frage, die kein existierender europäischer Staat, nicht einmal Großbritannien, isoliert angehen kann.

Der zweite Problemkreis entsteht aus der beginnenden Einverleibung Osteuropas in das Sowjetsystem, die von den Versuchen der Kominform begleitet wird, in den Staaten Westeuropas Sabotage zu betreiben und Unruhen zu schüren. Diese Versuche können durch improvisierte, lokal begrenzte Verteidigungsschläge nicht entscheidend abgewehrt werden.

Zu dem dritten Problemkreis gehört der Marshall-Plan – die größte Chance, die je ein Kontinent einem anderen geboten hat, um sich durch Zusammenschluß zu retten. Bisher haben die sechzehn Nationen, die ihn akzeptiert haben, von dieser Chance nur unzureichend Gebrauch gemacht.

Die erste Pariser Konferenz hat zwar ein europäisches Wiederaufbauprogramm ausgearbeitet, mit Hilfe dessen man die unmittelbare wirtschaftliche Krise in den Griff bekommen müßte, wenn man gleichzeitig die volle Unterstützung der mächtigen amerikanischen Wirtschaft hat. Doch man hat noch nicht einmal eine Organisation mit ausreichenden Machtbefugnissen gegründet, die sicherstellen könnte, daß das Programm umgesetzt wird. Noch weniger hat man die sich aus der gemeinsamen Notlage bietende Chance genutzt, eine größere, nicht nur wirtschaftliche, sondern auch politische und militärische Einheit zu schmieden. Die sechzehn Staaten klammern sich in unterschiedlichem Ausmaß immer noch an jene nationale Souveränität, die im letzten halben Jahrhundert der Fluch Europas war.

Trugschluß

Es ist ein Trugschluß zu glauben, aus gemeinsamen ökonomischen Interessen erwachse automatisch politische Einheit. Gemeinsame ökonomische Interessen haben nicht einmal in unserer Zeit zwei grauenhafte europäische Kriege verhindert. Beide Male ist das komplizierte Geflecht der internationalen europäischen Wirtschaftsbeziehungen ohne ein Wimpernzucken zerrissen worden. Eine die Welt verändernde historische Revolution wie die Vereinigung Europas kann nicht durch die Hintertür der Ökonomie erreicht werden. Wenn es Einheit geben soll, muß sie bewußt gewollt sein.

Und zwar an den richtigen Stellen, dort, wo große politische Entscheidungen vorbereitet werden. Politik wird von Politikern gemacht, nicht von Wirtschaftsexperten. Letztendlich muß der Wille zur Einheit auch in den Regierungen der Staaten existieren, die vereinigt werden sollen. Doch demokratische Regierungen können nicht schneller agieren, als es die Parteien, auf denen sie basieren, zulassen, und die Parteien wiederum werden von der öffentlichen Meinung bestimmt. Wenn die Einheit kommen soll, muß sich also der Wille dazu in den politisch aktiven Bereichen jeder europäischen Nation artikulieren.

Aus diesem Grunde ergeben sich aus der Entscheidung der Labour-Partei, einen Kongreß der sozialistischen Parteien der Marshall-Plan-Staaten einzuberufen, Möglichkeiten von großer Tragweite. Es kommt natürlich darauf an, was man aus der Konferenz macht. Wenn man lediglich noch eine Runde höflichen Beifall für den Plan klatscht, ist sie überflüssig, doch wenn sie beschließt, daß die Kampagne zur europäischen Einheit von der geballten Kraft des europäischen Sozialismus unterstützt wird, hat sie etwas bewirkt. Wenn sie freilich den Anforderungen der Stunde wirklich gerecht werden will, dann muß sie den Grundstein für eine europäische sozialistische Partei legen, die in der Lage ist, in einer europäischen Bundesversammlung zu arbeiten.

Der Sozialismus hat seine eigenen gewichtigen Gründe, diese historische Initiative zu ergreifen. Denn der »Sozialismus in einem Land« kann dann funktionieren, wenn dieses Land ein Sechstel der Erdoberfläche bedeckt; er funktioniert nicht in Ländern, die keine brauchbaren wirtschaftlichen Einheiten bilden, deren Wirtschaft von Faktoren abhängig sind, die außerhalb ihrer Kontrolle liegen, und deren Mangel an Grundnahrungsmitteln, Rohstoffen und Arbeitskraft jederzeit den bestdurchdachten Wirtschaftsplan von einem Tag auf den anderen zunichte machen kann.

Churchill

Für die Einheit Europas spricht ja viel mehr als das, was die Sozialisten planen könnten, und es wäre verhängnisvoll, wenn die Konservativen auf die sozialistische Initiative reagieren würden, indem sie eine enge nationalistische Richtung einschlügen. Die Notwendigkeit der europäischen Einheit ist zu lebenswichtig und zu dringend, um sie kurzfristigen parteitaktischen Interessen unterzuordnen. Der größte Konservative unserer Zeit, Winston Churchill, war nämlich der erste, der die Kühnheit besaß, diese lebenswichtige, dringende Notwendigkeit zu verkünden. Die britische Konservative Partei sollte jetzt ein arbeitsfähiges Bündnis mit den Christdemokratischen Parteien Europas knüpfen und im Rahmen der Marshall-Plan-Nationen eine der Sozialistischen Internationale analoge politische Organisation auf die Beine stellen.

Wenn sich die beiden größten Parteien auf europäischer Basis formieren würden, entstünde die Möglichkeit, zum ersten Mal Wahlen zu einer europäischen Verfassunggebenden Versammlung abzuhalten. Ein solches Organ müßte begrenzte Aufgaben erfüllen, die unmittelbar auf der Tagesordnung stehen. Es müßte drei Gremien einrichten – ein politisches, das die Außenpolitik koordiniert; ein wirtschaftliches, das den Marshall-Plan hier auf europäischer Seite umsetzt; ein drittes, das unser Verteidigungssystem vereinheitlicht.

Neue Hoffnung

Diese Vorgehensweise würde es nicht nur ermöglichen, die zweihundertundsiebzig Millionen Menschen der Marshall-Plan-Länder von Bürgern nicht mehr lebensfähiger Einzelstaaten zu Bürgern einer Union mit echter Souveränität zu machen, nein, auch die Beziehungen solcher Länder wie Großbritannien, Frankreich und Holland mit ihren überseeischen Verbündeten und Kolonien würden sich verändern. Vereint könnten wir im Frieden Märkte und im Krieg Militärhilfe bieten, wie es uns getrennt nie mehr möglich wäre. Und wiederum: Eine solche Union würde einen phantastischen Wandel an den Grenzen des freien Europa hervorrufen. Die unterdrückten Massen in Spanien und Osteuropa würden neue Hoffnung schöpfen.

Alle diese Folgen, die sich aus der Union ergeben würden, liegen für manch einen vielleicht in weiter Zukunft. Doch der Zeitpunkt, den freien Teil Europas zu vereinen – bei weitem den größten und entwickeltsten Teil –, ist jetzt: jetzt oder nie. Es kann alles in Freiheit und auf demokratischer Grundlage geschehen, und die Initiative dazu liegt bei Großbritannien: beim britischen Parlament und bei den britischen politischen Parteien nicht weniger als bei der britischen Regierung. Das Parlament tritt diese Woche wieder zusammen, und eine seiner ersten Debatten wird sich mit der Außenpolitik beschäftigen. Keine Sitzung und keine Debatte in seiner langen Geschichte war jemals schicksalsträchtiger.

* Kominform: »Kommunistisches Informationsbüro«, im September 1947 in Polen gegründet, sollte dem Informationsaustausch und der Aktionseinheit der kommunistischen Parteien in ganz Europa dienen.

Der Brüsseler Vertrag sieht eine dauerhafte Union Westeuropas vor. Diese Union wäre auch dann notwendig, wenn Rußland nicht existierte. Ihr Sinn und Zweck sind nicht nur die bloße Verteidigung, sondern ebenso die Anhebung des Lebensstandards und die Erweiterung des geistigen Horizonts der beteiligten Europäer, ein Ende der nationalistischen Engstirnigkeit und Unzufriedenheit, die Renaissance unserer humanistischen Kultur, neue Freiheitsmöglichkeiten. Eine Westunion bietet Chancen für Begabungen und Spielräume für Unternehmungen, wie sie kaum eine europäische Generation gekannt hat.

Zwiespältig

Dennoch werden die ersten Schritte zu diesem grandiosen Vorhaben im Schatten von Gefahr und Kriegsdrohungen gemacht. Die Wirkung dieser Gefahr ist zwiespältig: halb Segen, halb Fluch. Einerseits entsteht die nützliche Angst, ohne die Nationen selten zu raschem Handeln angespornt werden. Andererseits bringt sie auch eine Bedrücktheit mit herein, obwohl der Vertrag selbst Anlaß zum Jubeln sein sollte. Nur wenige Menschen, die die Nachrichten aus Brüssel gelesen haben, empfanden es als Befreiung, als seien Grenzen gefallen und der Kontinent nun offen geworden; die meisten fragten sich ängstlich: Gibt es jetzt Krieg?

Die Kriegsgefahr ist real. Um sie abzuwehren, müssen wir uns ihr stellen. Seit 1945 haben wir sie nämlich wachsen lassen, weil wir sie ignoriert haben. Die großen Ereignisse der letzten Woche, die Unterzeichnung des Brüsseler Pakts und Präsident Trumans Forderung nach allgemeiner Wehrpflicht in Amerika haben es allzu deutlich gemacht. Gleichzeitig haben sie aber – spät, doch hoffentlich nicht zu spät – vielleicht auch Bedingungen wiederhergestellt, in denen ein Friedensabkommen immer noch ohne einen erneuten bewaffneten Konflikt erreicht werden kann.

Der Krieg, der uns nun droht, ist nicht neu. Es ist immer noch der Krieg, der im August 1939 mit dem deutsch-russischen Geheimpakt gegen Polen begonnen hat und bis zum heutigen Tage nicht durch ein Friedensabkommen beendet worden ist. Es war kein Krieg ausschließlich mit Deutschland. Es war ein Krieg in drei verschiedene Richtungen: Deutschland, Rußland und der Westen kämpften jeweils für verschiedene und miteinander unvereinbare Ziele.

Als die Deutschen mit ihrem Angriff dafür sorgten, daß Rußland mitten im Krieg zum unfreiwilligen Alliierten des Westens wurde, gab es natürlich immer wieder große politische Probleme zwischen den neuen Verbündeten, die gelöst werden mußten. Rußland hatte während der Zeit der Zusammenarbeit mit Deutschland durch Drohung, Gewalt und Raub große Gebiete in Osteuropa an sich gerissen, zum Teil auf Kosten unseres Verbündeten Polen. Es ließ wenig Zweifel an seiner Absicht, sie auch zu behalten; später wurde klar, daß es sogar noch mehr wollte. Für das Ziel eines Vereinten Europa, für das wir im Sommer 1941 zu arbeiten anfingen, hatte es nur ein Stirnrunzeln übrig, und wegen dieses Stirnrunzelns ließen wir die Idee leider fallen.

Als seit dem Winter 1942/43 absehbar war, daß Rußland den deutschen Angriff abwehren würde, wurde dringend eine Übereinkunft mit ihm nötig, mit der ein stabiles Gleichgewicht der Macht geschaffen und realistische Garantien gegen dessen eventuelle Verletzung eingearbeitet waren. Während des gesamten Frühjahrs und Sommers 1943 drang diese Zeitung wiederholt darauf, daß man ein langfristiges Abkommen mit Rußland schloß: Rußland sollte eine europäische Union unter britischer Schirmherrschaft billigen und als Gegenleistung die Zusage auf Kooperation der Großen Drei in einer

Weltorganisation erhalten. Während die deutschen Armeen noch in den Vororten von Leningrad, Moskau und Rostow kämpften, während Rußland auf andauernde amerikanische Kriegslieferungen angewiesen war und während die Alliierten immer noch die Wahl hatten, eine Invasion Europas über Frankreich oder über den Balkan einzuleiten, lag ein solches Abkommen durchaus im Bereich des Möglichen.

Leider drückte man sich damals vor dieser Aufgabe; die Chance wurde verpaßt; die Alliierten entschieden sich für den einfacheren Kurs des Abwartens. Im Mai 1945 waren dann Rußlands aggressive Absichten in Polen und Rumänien voll und ganz erwiesen und konnten woanders nur mit spitzfindigster Rhetorik geleugnet werden. Und die einzigen, die in Europa noch übrig waren und sich Rußlands Aggression widersetzen und sie abwehren konnten, waren die alliierten Invasionstruppen unter General Eisenhower. Auf die aber glaubte man mit der unvernünftigen Auflösung des Westalliierten Oberkommandos und der überhasteten amerikanischen Demobilisierung verzichten zu können. Hinfort konnten die Russen in dem sicheren Bewußtsein, daß die Zeit für sie arbeitete, durch diplomatische Sabotage ein Friedensabkommen verhindern.

Heute wissen wir, daß es die Zeit genutzt hat, sich ganz Ost- und Mitteleuropa einzuverleiben und den Westen zu destabilisieren.

Gleichgewicht der Macht

Es gibt also immer noch kein Friedensabkommen. Deutschland und Österreich bleiben geteilt und besetzt, Deutschlands Ostgrenzen formal ungeklärt, und auf dem Territorium Polens, Ungarns und Rumäniens sind weiterhin russische Truppen stationiert. Solange das alles der Fall ist, kann sich kein Gefühl der Sicherheit einstellen. Früher oder später muß das Abkommen zwischen Rußland und dem Westen, vor dem wir 1943 aus Trägheit oder Feigheit zurückgescheut sind, zustande kommen.

Aber die Erfahrung der letzten drei Jahre beweist, daß es sinnlos ist, mit Rußland verhandeln zu wollen, solange es von einer Ablehnung alles zu gewinnen und nichts zu verlieren hat. Wenn wir kurz vor Toresschluß Frieden erringen und die drohenden Gefahren von Westeuropa abwenden wollen, müssen wir erst wieder ein Gleichgewicht der Mächte herstellen.

Mit der Wiedereinführung der allgemeinen Wehrpflicht in Amerika kann man den fatalen Fehler vielleicht ausbügeln, der darin bestand, daß man die exzellenten amerikanischen Truppen 1945 demobilisierte, bevor der Frieden erreicht war, für den sie gekämpft hatten. Wenn man die militärischen Kräfte, die in Westeuropa noch verblieben sind, mit neuen amerikanischen Truppen verstärkt, würde wenigstens die Elbe-Linie sicher. Erst wenn das erreicht ist – und nicht eher, ist es vielleicht möglich, mit Rußland über den Frieden zu reden und wenigstens ein einigermaßen passables Übereinkommen zu erzielen. Nur dann nämlich ist der Weg frei für die gewaltigen Aufgaben des friedlichen Wiederaufbaus, die auf Europa warten. Nur dann wird auch die Kriegsgefahr schwinden.

* Westunion: Brüsseler Vertrag (17. März 1948) zwischen Belgien, Frankreich, Großbritannien, Luxemburg und den Niederlanden zu enger Kooperation in wirtschaftlichen, sozialen, kulturellen und militärischen Fragen.

Professor Alfred Weber von der Universität Heidelberg hat in einem Leserbrief an den »Economist« prophylaktisch gegen die »historischen Entscheidungen« protestiert, die nun in London getroffen werden sollen. »Kann man vom deutschen Volk verlangen, einem westdeutschen Staat zuzustimmen, was bedeuten würde, daß nach dem Verlust der Ostgebiete nun auch der größte Teil des ostdeutschen Kernraums um Berlin abgetrennt wird?« »Warum«, fragt er, »kann man ein kontrolliertes, vereintes und freies Deutschland nicht ohne Furcht akzeptieren?«

Alfred Weber ist ein bedeutender Gelehrter, und sein Appell ist von aufrichtiger Sorge getragen. Doch er basiert auf einem kompletten, gefährlichen Mißverständnis der Beschlüsse zu Deutschland, die nun von den Brüsseler Unterzeichnerstaaten und den USA getroffen werden. Die Beschlüsse sind eben nicht »historisch« in dem Sinn, daß sie auf eine endgültige und dauerhafte Klärung der Deutschlandfrage abzielen. Sie betreffen eine Phase in einem fortlaufenden Entwicklungsprozeß; sie sind bewußt provisorisch. Weder soll ein »westdeutscher Staat« geschaffen, noch die von den Russen okkupierten Gebiete um Berlin »abgetrennt werden«. (Außenminister Bevin hat noch einmal ausdrücklich unsere Absicht betont, »unerachtet aller Provokationen« in Berlin zu bleiben.)

Rußlands Rolle

Schon gar nicht laufen die Beschlüsse auf die Ablehnung eines vereinten Deutschland hinaus. Das Ziel, auf das sich die Brüsseler Mächte und die Vereinigten Staaten weitgehend verständigt haben, ist letztendlich ein vereintes Deutschland in einem vereinten Europa. Doch die Einheit Deutschland ebenso wie die Europas können nur in einem gemeinsamen

Abkommen mit Rußland erreicht werden, und dafür ist der Zeitpunkt noch nicht gekommen. Der Westen steht gegenwärtig vor der Aufgabe, sich zu konsolidieren und genügend Kräfte zu sammeln, um in zwei oder drei Jahren von einer besseren Position aus mit Rußland verhandeln zu können. Diskussionen über eine gemeinsame Politik in Westdeutschland gehören dazu.

Sie verfolgen ein doppeltes Ziel: erstens schleunigst die größten und gefährlichsten Ursachen der Meinungsverschiedenheiten innerhalb der »Westunion« selbst zu beseitigen. Die Divergenzen zwischen der Deutschlandpolitik Frankreichs, Großbritanniens und der USA sind bis heute tatsächlich sehr tiefgehend und insofern weniger leicht zu beheben, als sie zumindest Frankreichs und Großbritanniens lebenswichtige Interessen berühren. Wenn die Gegensätze in der Deutschlandpolitik nicht ausgeräumt werden, sind früher oder später alle Versuche, eine formale Union der westeuropäischen Staaten zu bilden, zum Scheitern verurteilt; ohne Einigkeit in den grundsätzlichen politischen Fragen kann es keine funktionierende Union geben.

Andererseits würde wiederum eine gemeinsame, von einem wirklich gemeinsamen Ziel diktierte Deutschlandpolitik ein fast unzerbrechliches Bindeglied zwischen den Partnern darstellen. Für sie alle ist Deutschland existenziell wichtig – für Frankreich vielleicht am allermeisten. Ihre jeweilige Politik in einer derartig entscheidenden Angelegenheit zu koordinieren – sich ihre Deutschlandpolitik sozusagen gegenseitig zum Pfand zu geben – ist ein wirksamerer Schritt zur Vereinigung als aller formale Verzicht auf nationale Souveränität.

Blick auf die USA

Diesen Aspekt der aktuellen Deutschlanddiskussion kann man gar nicht genug herausstreichen. Normalerweise wird er übersehen. Wenn die Leute hier Vereinbarungen über

Deutschland beurteilen, fragen sie natürlich als allererstes: Was bedeutet es für Deutschland und unsere künftigen Beziehungen zu Deutschland? Die Frage ist legitim und durchaus von Belang, doch in der gegenwärtigen Weltlage sollte man vielleicht angemessener fragen: Was bedeuten die neuen Beschlüsse zu Deutschland für unsere Beziehungen zu Frankreich, den Benelux-Staaten und den USA? Denn diese Beziehungen stehen und fallen mit den aktuellen Interimsbeschlüssen zu Deutschland, und von ihnen, unseren Beziehungen untereinander, hängt unser Überleben in der gegenwärtigen Weltkrise ab. Die Behauptung, daß selbst ein in sich unbefriedigendes Abkommen über Deutschland ein Grund zur Freude sei, wäre kaum übertrieben, wenn es denn der entstehenden Vereinigung der westlichen Welt dienen würde. (Analog dazu könnte man mit einiger Berechtigung sagen, daß sich unsere Palästina-Politik zuvorderst nicht nach ihren Auswirkungen auf die Araber und die Juden richten sollte, sondern danach, wie sie sich auf die britisch-amerikanischen Beziehungen auswirkt.)

Doch in den derzeitigen Gesprächen über Deutschland gibt es ein zweites Ziel, das eng mit dem ersten verknüpft ist. Wir müssen den in unserem Machtbereich liegenden Teilen Deutschlands eine reelle Chance geben, sich wirtschaftlich zu erholen und im Verlauf dessen mit der verschmelzenden westlichen Welt zusammenzuwachsen. Es liegt an den Deutschen, ob sie diese Chance sehen und ergreifen. Wenn sie sie nicht nutzen und lieber weiter »Trübsal blasen«, schaden sie sich selbst am allermeisten.

Dennoch kommt man an der Tatsache nicht vorbei, daß die neuen Vereinbarungen die Teilung Deutschlands vertiefen. Aber diese Teilung wird auch nicht dadurch überwunden, daß man immer und ewig so tut, als existiere sie nicht. Sie wird nur überwunden, wenn der Westen stark genug ist, ein endgültiges Abkommen mit Rußland durchzusetzen; und zu dieser Stärkung des Westens können die Deutschen, wenn sie wollen, von nun an einen wichtigen Beitrag leisten. Sie können sich natürlich auch weigern – doch das würde zwangsläufig die Kräfte im Westen schwächen, die allein eines Tages die Wiedervereinigung Deutschlands herbeiführen könnten, und im Westen insgesamt gar nicht gut ankommen.

Es ist aber wahr, daß Westdeutschland auch nach den neuen Vereinbarungen keine vollständige Freiheit und Souveränität erhält. Es bleibt selbstverständlich besetzt, seine neue Regierung wird weiterhin Kontrollen und Auflagen unterworfen sein. Für das Ruhrgebiet wird es besondere Sicherheitsvorkehrungen geben, deren Einzelheiten noch erörtert werden. Die Einschränkung der deutschen Souveränität ist aber keine Strafe, sondern eine Vorsichtsmaßnahme; und sie wird um so weniger stören, je ernsthafter die Deutschen danach streben, wirkliche, vollwertige Mitglieder der entstehenden Westunion zu werden.

Eine Union muß es geben

Werden sie diesen Versuch machen? Oder wollen sie lieber schmollen, an der Kette zerren, nach Gleichheit schreien und von Rache träumen? Bisher sind die Zeichen nicht eindeutig. Bisher haben erst wenige Deutsche gezeigt, daß sie die neue, nun im Entstehen begriffene Welt und die neue Rolle, die ihnen in dieser Welt zufallen soll, verstehen; wenige sind bisher fähig, über den Tellerrand einer rein nationalen Politik zu schauen – obwohl sie diese Politik zweimal in die Katastrophe geführt hat und heute noch überholter ist als 1914 oder 1939.

Doch wir müssen die ersten deutschen Reaktionen nicht als endgültig betrachten. Letztendlich sind wir mit unserer Deutschlandpolitik erfolgreich oder nicht, wenn wir mit unserer Politik der Vereinigung des Westens erfolgreich sind oder nicht. Wenn die westliche Welt – Westeuropa, das Britische Commonwealth, die westliche Hemisphäre – zu einem prächtigen Ganzen verschmilzt, das in der Lage ist, die russische Gefahr zurückzudrängen, dann ist Deutschland am Ende froh, in diese großartige Partnerschaft aufgenommen zu werden, und es geht keine Gefahr mehr von ihm aus. Wenn wir geteilt, schwach und unfähig bleiben, Rußland kraftvoll entgegenzutreten, wird Deutschland aus seinem Schmollwinkel nicht herauskommen und auf den Moment warten, in dem es seine Ketten abschütteln kann. Ist es jedoch erst einmal frei, wird es überheblich und Rache üben wollen. Vereinen wir den Westen, wird Deutschland miteinbezogen. Schaffen wir es nicht, den Westen zu einen, geht uns nicht nur Rußland, sondern auch Deutschland eines Tages wieder an die Gurgel. So einfach ist das.

Unter den deutschen Männern und Frauen, die nun den Kampf für Freiheit und Demokratie in dem belagerten Berlin führen, ist keine so tapfer, bescheiden und freundlich wie Louise Schroeder, die Amtierende Oberbürgermeisterin der Stadt. Diese kleine, zerbrechlich wirkende ältere Dame mit dem grauen Haar und der Drahtgestellbrille hat eine derart sanfte, taktvolle Art und ein so liebenswürdig entwaffnendes Lächeln, daß selbst ihre verbiestertsten kommunistischen Kontrahenten sie nicht hassen können. Sie trägt die Verantwortung für das Wohlergehen von dreieinhalb Millionen Menschen in einer kriegszerstörten europäischen Metropole, in der äußerst chaotische Bedingungen herrschen.

*

Ihr Leben lang hat sie sich um Sozialpolitik gekümmert. Doch nun steht sie vor einer sozialpolitischen Aufgabe ungeahnter Komplexität, die nicht von einem innenpolitischen Problem, sondern von dem machtpolitischen Konflikt ausländischer Mächte auf dem Schlachtfeld Berlin verursacht wird, an dem städtische Politiker nicht das geringste ändern können.

Darüber hinaus steht Louise Schroeder als Amtierende Bürgermeisterin von Berlin nicht einfach nur an der Spitze einer riesigen Stadtverwaltung mit umfangreichen Aufgaben, sondern ist als Mitglied und Sprecherin des einzigen freigewählten Parlaments, das jetzt noch zwischen Elbe und Beringstraße existiert, eine politische Figur von nationaler, ja internationaler Bedeutung.

Die Zerstörung von Macht und Ansehen dieses Parlaments und seiner demokratischen Mehrheit ist schon lange eines der Hauptziele der sowjetischen Politik in Berlin. Man begann mit Obstruktion und Sabotage durch die Verwaltung, gekoppelt mit Polizeiterror auf den unteren Ebenen, und nun geht man dazu über, führende Politiker der Stadtverordnetenversammlung durch organisierte Übergriffe und offizielle Spionagevorwürfe offen einzuschüchtern.

*

Louise Schroeder und ihre Kollegen wissen ganz genau, daß sie im Falle eines Abzugs der Westalliierten aus Berlin das gleiche Schicksal erwartet wie Petkow und Maniu; sie wissen, daß sie sogar jetzt schon, trotz Anwesenheit der Westalliierten in ihrem Teil der Stadt, ein ähnliches Schicksal ereilen könnte. Wenn Louise Schroeder ihre bescheidene möblierte Wohnung im Hause eines Bekannten im Amerikanischen Sektor verläßt und zur Arbeit aufbricht, die sie oft bis nach Mitternacht an sieben Tagen der Woche festhält, kann sie nie sicher sein, daß sie wieder zurückkommt.

Ihr Büro und der Sitzungssaal der Stadtverordnetenversammlung befinden sich im Neuen Stadthaus, das im Herzen des Russischen Sektors von Berlin liegt. Abgesehen von der Möglichkeit, daß die Russen jederzeit einen Putschversuch unternehmen, droht auch immer die Gefahr, daß die Sowjets Halbwüchsige zu Gewalttaten anstiften, gegen die die kommunistisch kontrollierte deutsche Polizei im Sowjetsektor natürlich nichts unternimmt.

Schützen können sich Louise Schroeder und die anderen Demokraten der Stadtverordnetenversammlung im Grunde nur durch ihren eigenen Mut. Seit den an Nazi-Zeiten erinnernden Szenen letzte Woche, als eine Bande kommunistischer Rüpel gewaltsam in den Sitzungssaal der Stadtverordneten eindrang und später einzelne Mitglieder beim Herauskommen aus dem Rathaus verprügelte, sind einige lächerliche Sicherheitsmaßnahmen angeordnet worden. Ein paar unterernährte junge Burschen mit weißen Armbinden über den abgetragenen Jacken stehen am Rathauseingang und in den Fluren und überprüfen die Papiere der Besucher.

*

Louise Schroeder ist Adoptivberlinerin. Sie wurde 1887 in Hamburg geboren. Ihr Vater war Handwerker. Mit fünfzehn beendete sie die Schule und arbeitete als Stenotypistin. Ihre frühe Begegnung mit der Arbeitswelt weckte ihr Interesse an Sozialreformen und politischer Arbeit. Mit dreiundzwanzig war sie Mitglied der Sozialdemokratischen Partei.

Nach dem Ersten Weltkrieg spielte sie als Vorsitzende von Arbeiterwohlfahrts- und -bildungsorganisationen und als eines der ersten weiblichen Mitglieder des Reichstags eine politisch sehr aktive Rolle. Beinahe im Alleingang entwarf sie die ersten deutschen Jugendarbeitsschutzgesetze und brachte sie durch den Reichstag. Als die Nazis zur Macht gelangt waren, mußte sie sich aus dem öffentlichen Leben zurückziehen. Bis 1938 lebte sie völlig privat in Hamburg und ging dann wieder nach Berlin.

Als das politische Leben in Deutschland nach dem Zusammenbruch der Nazi-Herrschaft langsam wieder in Gang kam, wurde sie als eine der Überlebenden der »alten Garde« aus der Vor-Hitler-Sozialdemokratie sowie eine der engsten Vertrauten des derzeitigen Vorsitzenden der Partei, Kurt Schumacher, politisch wieder aktiv.

*

Ihre Ernennung zu ihrem jetzigen Amt illustriert die komplizierte politische Situation Nachkriegs-Berlins, das von vier siegreichen ausländischen Mächten mit widerstreitenden Ideologien und Zielen verwaltet wird. Bei den Stadtverordnetenwahlen im Oktober 1946 gewannen die Sozialdemokraten – die in der Sowjetischen Zone unter Zwang mit den Kommunisten zur neuen Sozialistischen Einheitspartei vereinigt wurden, in Berlin aber selbständig geblieben waren – die absolute Mehrheit. Die kommunistisch dominierte Sozialistische Einheitspartei erlitt eine heftige Niederlage. Die Bewohner Berlins, die frei wählen konnten, zeigten ihre Haltung zum Kommunismus und seinen sowjetischen Helfershelfern derart unmißverständlich, daß die Russen es ihnen nie verziehen. Die Stadtregierung, die bis dahin in Händen der sowjetischen Kandidaten gelegen hatte, übernahmen nun vor allem die Sozialdemokraten; der Sozialdemokrat Ostrowski wurde Oberbürgermeister und Louise Schroeder die erste seiner drei Stellvertreter.

Als die Sozialdemokraten im März letzten Jahres Ostrowski wegen seiner zu großen Nähe zur Sozialistischen Einheitspartei für nicht mehr tragbar hielten, wählten sie ihn ab und stimmten für Ernst Reuter als seinen Nachfolger, einen ebenfalls prominenten Sozialdemokraten aus der Vor-Hitler-Zeit, der aus dem Exil in der Türkei zurückgekommen war.

Die Russen allerdings trauten Reuter nicht. Er war Kommunist gewesen, hatte im ersten Revolutionsjahr in Rußland gelebt und gearbeitet und war später reumütig in den sozialdemokratischen Stall zurückgekehrt. Die Sowjets weigerten sich, seine Wahl anzuerkennen, und legten in der Kommandantur ihr Veto ein, so daß er sein Amt nicht antreten konnte. Die Briten und Amerikaner erkannten die Wahl zwar als gültig an, aber formal blieb er Stadtrat für das Verkehrswesen. Es wurde kein neuer Oberbürgermeister gewählt, sondern Louise Schroeder neue Amtierende Oberbürgermeisterin. Ihr zur Seite standen der gewandte, ironische, tüchtige Reuter und der hitzköpfige junge Vorsitzende der Berliner Sozialdemokraten Franz Neumann, der populärste Arbeiterführer der Stadt.

*

Die Hauptlast der gegenwärtigen Krise liegt dennoch auf den Schultern Louise Schroeders und auf dem Magistrat der Stadt. Der russische Auszug aus der Alliierten Kommandantur bringt beide in eine noch gefährdetere Position. Obwohl sie sich dem Anspruch der Russen, ganz Berlin zu regieren, stets widersetzten, müssen sie natürlich im Sowjetischen Sektor deren Befehle dort ebenso ausführen wie die der Westalliierten in den Westsektoren der Stadt.

Dabei werden nun zwei Drittel der Stadt von den Russen blockiert und von der angloamerikanischen Luftflotte durch die Luft versorgt. Es gibt zwei konkurrierende Währungen in der Stadt – mit chaotischen Auswirkungen. Zwei Millionen Menschen hat man die Gas- und Stromversorgung auf das Allernotwendigste beschränkt. Selbst dieses Minimum wird in ein paar Wochen auf Null gehen, wenn die Eisenbahnblockade nicht aufgehoben wird. Fabriken, die in den letzten drei Jahren langsam und unter großen Mühen wieder zum Laufen gebracht wurden, sind wegen Strommangels wieder zum Stillstand und viele Tausende Arbeiter zur Arbeitslosigkeit verdammt.

Berlin, eine lebendige Einheit, verwandelt sich in eine geteilte Stadt. Louise Schroeder arbeitet wie viele verantwortungsbewußte deutsche Bürger bis zum Rande der körperlichen Erschöpfung, um zu verhindern, daß diese Entscheidung zum Todesstoß wird, um diese großartige Stadt vor einer Katastrophe zu retten und um einen Außenposten der Freiheit in Europa zu halten.

* Belagertes Berlin: Die Verbindungen zu Wasser und zu Lande zwischen den drei Westsektoren Berlins und den Westzonen wurden vom 26. Juni 1948 bis 12. Mai 1949 von der Sowjetunion blockiert.

* Der bulgarische Politiker Nikula Dimitrow Petrow wurde nach der kommunistischen Machtübernahme als Führer der oppositionellen Bauernpartei 1947 hingerichtet.

* Der rumänische Politiker Iuliu Maniu wurde als Gegner der kommunistischen Machtübernahme und Vorsitzender der Nat. Bauernpartei 1947 wegen Hochverrats verhaftet und starb nach offizieller Version 1951 im Gefängnis.

* Ernst Reuter trat 1912 der SPD bei, geriet im 1. Weltkrieg in russische Gefangenschaft und schloß sich 1917 den Bolschewiki an. 1918 kehrte er nach Deutschland zurück, arbeitete für die KPD und kehrte 1921 zur SPD zurück. 1933 wurde er als Oberbürgermeister Magdeburgs abgesetzt, ins KZ gebracht und konnte dann in die Türkei emigrieren. Ab Dezember 1948 wurde er nach der Teilung Berlins Oberbürgermeister, später, bis zu seinem Tod 1953 Regierender Bürgermeister.

Frieden mit Deutschland

5. September 1948

Noch nie ist eine Politik so rasch und glänzend von den Ergebnissen bestätigt worden wie die neue Deutschland-Politik, zuerst formuliert von den Generälen Clay und Robertson und vor drei Monaten während der Londoner Sechsmächtekonferenz bekräftigt. In der kurzen Zeit, seit die Londoner Empfehlungen das Potsdamer Abkommen ersetzt haben, sind wir Zeugen eines, fast muß man sagen, Wunders geworden. Beflügelt von der Währungsreform ist Westdeutschland beinahe über Nacht wieder zu einem geschäftigen, produktiven Land geworden. Natürlich gibt es noch Probleme, doch die westdeutsche Wirtschaft ist definitiv im Aufschwung begriffen.Und auch politisch sind die Aussichten für die Deutschen so hoffnungsvoll wie seit zwanzig Jahren nicht.

In Bonn

Der »Parlamentarische Rat« in Bonn – de facto, wenn auch nicht dem Namen nach, eine indirekt gewählte Verfassunggebende Versammlung – hat erfolgreich mit seiner Arbeit begonnen. Ein Verfassungsentwurf für den neuen »Bund deutscher Länder« ist nach kürzester Zeit von einem Gremium erfahrener Fachleute vorgelegt worden: im großen und ganzen ein außergewöhnlich vernünftiges, nüchternes und handwerklich solides Dokument. Es sieht ganz danach aus, als werde es einigermaßen glatt durch die Beratungen kommen. Wenn nichts Unvorhergesehenes passiert, hat der neue Deutsche Bund noch vor Jahresfrist seine Verfassung, sein erstes allgemein gewähltes Parlament und seine erste Regierung.

Es wird ein Deutscher, kein Westdeutscher Bund sein, obwohl etwa einem Viertel des deutschen Volkes – dem in der Russischen Besatzungszone – noch nicht einmal erlaubt ist, seinem Wunsch auf Beteiligung Ausdruck zu verleihen. Der

Verfassungsentwurf erwähnt »Westdeutschland« nicht; stattdessen bestätigt er ausdrücklich den Fortbestand Deutschlands – des gesamten Deutschlands – als politische Einheit. Wenn die Bonner Versammlung, die für fünfzig der fünfundsechzig Millionen Deutschen spricht, den Verfassungsentwurf verabschiedet, wird er einen föderalen Rahmen für alle deutschen Länder darstellen.

Ein bemerkenswerter Beginn. Geradezu erstaunlich, wenn wir uns erinnern, daß die ersten Reaktionen westdeutscher Politiker auf die Londoner Entscheidungen vom Achselzucken stillschweigender Zustimmung bis zur säuerlichen Ablehnung jeder Kooperation reichten. All das änderte sich zunächst durch den Erfolg der Währungsreform und dann, nachhaltiger und gründlicher, mit der Verteidigung Berlins.

Der Kampf um Berlin hat plötzlich die öffentliche Meinung in Deutschland, im Osten wie im Westen, polarisiert. Im ganzen Land erfolgte einer dieser mitreißenden Stimmungsumschwünge, die für Deutschlands eher unberechenbare Politik typisch sind. Im Westen hat der Umschwung die Politiker soweit mitgetragen, daß sie jetzt, trotz ihrer persönlichen Ressentiments, diese mutige Initiative ergreifen; im Osten hat er einen tiefen Riß in der Sozialistischen Einheitspartei, Rußlands politischem Werkzeug, verursacht und die Russen gezwungen, ihre demokratische Maske vollends fallenzulassen. Sie haben alle Wahlen in ihrer Zone verboten.

Erdrutsch

Es sieht so aus, als hätte die große Mehrheit der Bewohner aller Zonen eine Entscheidung getroffen. Über drei simple Ziele sind sie sich einig. Sie wollen ein Bundesstaat sein; sie wollen Teil der Westunion sein, und sie wollen die Russen mit allem, was dazugehört, los werden. Wenn heute in ganz Deutschland freie Wahlen stattfänden, gäbe es mit größter Sicherheit einen Erdrutschsieg für die Männer und Parteien, die diese Ziele unterstützen, während deren Gegner politisch erledigt wären.

Dieses neue geistige Klima in Deutschland sollten wir zur Kenntnis nehmen. Es bietet uns endlich die Chance, Frieden mit Deutschland zu schließen, einen echten, konstruktiven Frieden. Diese Gelegenheit ist so kostbar, daß wir sie beim Schopfe ergreifen sollten.

Um sie zu nutzen, müssen wir uns allerdings zuerst von dem Gedanken an eine dauerhafte Teilung Deutschlands in Ost und West verabschieden. Das war vielleicht in einer hinter uns liegenden Phase die Basis für einen Waffenstillstand mit Rußland; die Basis für einen Frieden mit Deutschland kann es niemals sein. Wir können nicht erwarten, daß eine Hälfte Deutschlands Partner in der Westunion wird, während wir die andere Hälfte eiskalt als billige Manövriermasse in unseren Verhandlungen mit den Russen einsetzen.

Zweitens sollten wir alle noch bestehenden Hindernisse für eine volle, freiwillige Partnerschaft Deutschlands mit uns und den anderen Partnern in der Westunion aus dem Weg räumen. Das heißt insbesondere, daß wir mit der Demontage deutscher Industrieanlagen aufhören. Die Demontagen sind Relikte einer überholten Politik, die unter den neuen Bedingungen sinnlos ist. Solange wir das zukünftige Deutschland als separaten, potentiell feindlichen Staat betrachteten, war es eine vernünftige Vorsichtsmaßnahme, es durch den Abtransport von Teilen seiner Industrieanlagen zu schwächen. Wenn man damit weitermacht, obwohl Deutschland wie wir Teil der Union werden soll, die ja dem gemeinsamen Wiederaufbau und der Sicherheit aller seiner Mitglieder dient, schneiden wir uns ins eigene Fleisch. Die Sicherheitsgründe, die ursprünglich zur Demontagepolitik geführt haben, gelten nicht mehr. Und die wirtschaftlichen Gründe, die an ihre Stelle traten, müssen angesichts höher zu bewertender Erwägungen zur internationalen Politik fallengelassen werden.

Staatenbund
Drittens und am wichtigsten: Wir sollten aufpassen, daß die neue und erfreuliche deutsche Begeisterung für das westliche Bündnis nicht erkaltet. Wenn Deutschland erst einmal seine Existenz als Staat wiedererlangt hat, könnten andere, weniger wünschenswerte Tendenzen erneut Oberhand gewinnen. Jetzt, wo der feste und ehrliche Wille da ist, das Land eng an Westeuropa zu binden, und der Entwurf zur deutschen Verfassung sogar explizit die Möglichkeit vorsieht, daß ein Teil der deutschen Souveränität an einen größeren Staatenbund übergehen kann – jetzt ist es Zeit, zu handeln. Frankreich und Deutschland haben noch nie gleichzeitig für ein westeuropäisches Bündnis votiert und werden es auch vielleicht nie wieder tun. Wenn wir diese Gelegenheit, die wir uns nie hätten träumen lassen, verpassen, geht die Geschichte ihren Weg ohne uns.

* Auf der Londoner Sechsmächtekonferenz (USA, Großbritannien, Frankreich, Benelux-Staaten) vom März bis Juni 1948 wurden die politischen und ökonomischen Grundlagen (inklusive der Währungsreform ab 21. Juni 1948) für ein weitgehend selbständiges Westdeutschland beschlossen.

* Der Parlamentarische Rat trat erstmals am 1. September 1948 in Bonn zusammen.

»In vielen Gegenden Amerikas«, berichtet die Anthropologin Margaret Mead in ihrer exzellenten Studie über den amerikanischen Nationalcharakter, »legen sich kleine Jungs absichtlich Holzscheite auf die Schulter, laufen herum und fordern jeden auf, sie herunterzuschlagen.« Mit der Interpretation des Verhaltens dieser Jungen erklärt sie dann das Verhalten erwachsener Amerikaner in Krieg oder Frieden. »Die Propaganda der Achsenmächte hat versucht, die Tatsache auszuschlachten, daß wir Japan unmögliche Bedingungen gestellt, daß wir uns sozusagen die Holzscheite auf die Schulter gelegt haben. Das stimmt. Es ist ein alter amerikanischer Brauch, und dahinter steht die uramerikanische Überzeugung, daß wir am besten kämpfen, wenn andere Leute uns attackieren.«

Vielleicht war die Garantieerklärung Großbritanniens an Polen vom März 1939 ein noch besseres Beispiel dafür, wie man reagiert, wenn man das »Holzscheit auf der Schulter« hat. Die Erklärung bedeutete nicht, daß wir Polen wirksam gegen eine Invasion und Okkupation verteidigen würden oder konnten; dazu waren wir gar nicht in der Lage. Es bedeutete, daß wir uns im Falle eines Angriffs durch Hitler, falls er uns das Holz von der Schulter schlug, berechtigt fühlten, ihn anzugreifen und zu vernichten, ganz unabhängig davon, was Polen in der Zwischenzeit zustieß.

Der Fall Norwegen

Solche speziellen Bündnisse zu schließen ist zwischen friedlichen Seemächten in einer geschützten geographischen Lage nicht ungewöhnlich, besonders wenn sie ein großes Kriegspotential, aber nur wenige Truppen einsatzbereit haben. Doch für die kleineren Landmächte, die als »Holzscheite« fungieren müssen, ist diese Politik hochriskant, und manchmal provoziert ein solches Bündnis sogar tödliche Gefahren für beide Beteiligten. Genau in einer solchen Situation befinden sich jetzt die Nationen beiderseits des Atlantik.

Auch der jüngste diplomatische Notenwechsel zwischen Amerika und Norwegen erinnert unweigerlich an die Konstellation des »Holzscheits auf der Schulter«. Man hat Norwegen offenbar eine diplomatische Allianz, doch keine verbindliche militärische Unterstützung angeboten. Mit anderen Worten, es darf »das Holzscheit« auf der Schulter Amerikas sein. Die Debatte im amerikanischen Senat am letzten Montag deutet sogar darauf hin, daß einige hochrangige amerikanische Politiker ganz Westeuropa in dieser Rolle sehen.

Das wäre ein verhängnisvolles Mißverständnis – verhängnisvoll nicht nur für Westeuropa, sondern auch für Amerika selbst. Denn der geplante Atlantische Sicherheitspakt begründet sich ja vor allem anderen auf der knallharten, unausweichlichen Tatsache, daß in der gegenwärtigen Weltlage die atlantischen Nationen zusammen stehen oder zusammen untergehen.

Papier und Macht

Diese simple Tatsache ist aber selbst auf europäischer Seite des Atlantiks noch kaum ins öffentliche Bewußtsein gedrungen. Viele Leute meinen immer noch, daß ein Papier mit einer amerikanischen Garantieerklärung für Westeuropa ihre Sicherheit ausreichend gewährleistet, daß niemand Westeuropa – sei es auch noch so geschwächt – attackieren wird, wenn er weiß, daß das gleichzeitig Krieg mit Amerika bedeutet. Diese Leute kommen nicht einmal auf die Idee, daß Rußland vielleicht keine Angst mehr vor einem Krieg mit Amerika haben muß, wenn es erst einmal ganz Westeuropa überrannt und besetzt hat. Steht die Rote Armee sowohl an den Küsten des Atlantik wie an denen des Pazifik, herrscht der Kreml über ganz Europa und praktisch auch über ganz

Asien: über mehr als eine Milliarde Menschen und ein Territorium, das aller Wahrscheinlichkeit nach schon durch seine schiere Größe einen atomaren Angriff überstehen würde. Großbritannien und Japan könnten allein durch Raketenangriffe kampfunfähig gemacht werden, und dann stünde Amerika dem feindlichen eurasischen Doppelkontinent ohne Verbündeten gegenüber, ohne Basis für einen Gegenschlag.

In Westeuropa und Amerika muß man nun endlich begreifen, daß es für den Westen nach dem Verlust Osteuropas und Chinas kurz vor zwölf ist. Den zusätzlichen Verlust Westeuropas kann er sich nicht mehr leisten, ohne alles zu verlieren. Die Situation ist grundverschieden von der im Jahre 1940, als Hitler nach der Eroberung Europas immer noch einen mächtigen, ungeschlagenen Rivalen im Osten hatte. Stalin braucht sich um eine Ostfront keine Sorgen zu machen. Wenn er Westeuropa erobert, kann er Amerika einen Krieg aufzwingen, den es nicht gewinnen kann.

Der Westen kann jetzt nur noch verteidigt werden, wenn man alle atlantischen Mächte als einen Staat begreift, dessen gegenwärtige Grenzen um jeden Preis gehalten werden müssen – und dann entsprechend handelt.

Womit der Atlantische Sicherheitspakt, den man gerade mit viel Muße und vielen Mühen formuliert, in mancher Hinsicht schon wieder überholt wäre. Die Frage, die der amerikanischen Politik im Moment solche Kopfschmerzen bereitet – soll Amerika eine bindende Verpflichtung eingehen, sofort in den Kampf einzugreifen, wenn und falls Westeuropa attackiert wird? –, erübrigt sich schon. Denn selbst die unverbrüchlichste Sicherheitsgarantie reicht nicht aus, Westeuropa abzusichern und damit Amerika selbst zu retten. Gebraucht werden keine diplomatischen Absichtserklärungen für die Zukunft, sondern militärische Präsenz hier und jetzt.

Zur Zeit wäre Westeuropa leichte Beute einer sowjetischen Aggression. Die Landstreitkräfte der Brüsseler Mächte sind, zusammen genommen, weit unter Vorkriegsstärke und viele in den Kolonialkriegen in Südostasien gebunden. Ein gemeinsamer Ausschuß für die Verteidigung des Rheins existiert zwar, aber er hat keine Armeen, um seine Aufgabe zu erfüllen. Nach Informationen aus gutunterrichteter Quelle heißt es, durchaus plausibel, daß die stärksten in Westeuropa verfügbaren Landstreitkräfte derzeit in der Schweizer Eidgenossenschaft zu finden sind.

Sicherheit jetzt

Die Frage, die Amerikaner und Brüsseler Mächte jetzt gemeinsam beantworten müssen, ist nicht, unter welchen hypothetischen Voraussetzungen Amerika wegen Westeuropa in den Krieg zieht, sondern welche praktischen Maßnahmen sie alle zusammen ergreifen wollen, um Westeuropa abzusichern.

Für Europa besteht das Problem, das nötige Potential zur Verteidigung zu sichern – wir müssen unsere Industrie und Landwirtschaft durchkämmen, wir müssen auf eine Lösung in Südostasien dringen, und wir müssen überlegen, wie wir Deutsche und Italiener für die gemeinsame Sache einsetzen können.

Die USA haben das Problem, die Wiederaufrüstung zu beschleunigen, mit einer Leih-Pacht-Politik im Frieden zu beginnen und schließlich größere Einheiten der amerikanischen Armee dort zu stationieren, wo sie gebraucht werden – an der östlichen Grenze Westeuropas und an der Küste des Pazifik. Denn das sind jetzt militärisch gesehen die ureigenen Grenzen der Vereinigten Staaten selbst.

* Atlantischer Sicherheitspakt: Nach langen Verhandlungen seit dem Sommer 1947 wurde am 4. April 1949 der Nordatlantikvertrag unterschrieben, der die darin verbündeten Mächte verpflichtet, im Falle eines bewaffneten Angriffs auf ein oder mehrere Mitglieder militärische Unterstützung zu leisten. Beteiligt waren ursprünglich die USA, Kanada und die Staaten des Brüsseler Vertrags. Hinzu kamen bei der Gründung Island, Dänemark, Norwegen, Italien und Portugal.

Die Pariser Konferenz der Außenminister hat im Gegensatz zu ihren Vorgängern bisher nichts Dramatisches, aber jede Menge Mysteriöses hervorgebracht. Warum waren die Russen so erpicht auf die Konferenz, obwohl sie alle wesentlichen Verhandlungen, die ihr erst einen Sinn gegeben hätten, gar nicht führen wollten? Warum gab es trotz so vieler Querelen so wenig schlechte Laune? Warum verschwendete man drei Wochen mit leerem Gerede und begann erst dann mit der eigentlichen Arbeit?

Und was ist dabei herausgekommen? Kein offener Bruch – und vielleicht sogar Verständigung über diesen oder jenen unbedeutenderen Punkt. Aber die Aussichten auf eine Lösung der Deutschlandfrage sind hoffnungsloser denn je zuvor. Haben wir uns in Richtung Frieden oder in Richtung Krieg bewegt? Können wir uns zufrieden zurücklehnen oder müssen wir Trauer tragen?

Auf alle diese Fragen gibt es Antworten, aber nicht alle diese Antworten fallen leicht. Am leichtesten ist vielleicht die Lösung des Rätsels, warum die Russen die Konferenz wollten, obwohl sie gar nichts anzubieten hatten, und warum die Westmächte sich so geduldig mit Dissens und Desillusion abgefunden haben. Jede Seite wollte unbedingt erfahren, was die andere vorhatte. Konferenzen sind oft diplomatische Schlachten. Die Pariser Konferenz war keine Schlacht, es war ein Aufklärungsmanöver.

Im Dunkeln

Die beiden Seiten trafen sich in beinahe kompletter Unkenntnis der gegenseitigen Absichten. Vor achtzehn Monaten war die letzte Außenministerkonferenz abgebrochen worden, vor zehn Monaten die letzten hochkarätigen Verhandlungen in Moskau gescheitert. Seitdem war viel passiert, unter anderem ein Personalwechsel sowohl in Washington als auch in Moskau.

In normalen Zeiten findet man die Bedeutung solcher Veränderungen und anderer politischer Entwicklungen über die üblichen diplomatischen Kanäle heraus. Doch unter den Bedingungen des Kalten Krieges sind die üblichen diplomatischen Kanäle blockiert. Tatsache ist, daß die westlichen Außenministerien bis dahin nicht wußten, beziehungsweise nur spekulieren konnten, was der Machtwechsel von Molotow zu Wyschinski oder Moskaus Propagandaoffensive für den Frieden bedeutete, und vermutlich tappten die Russen wegen der Auswirkungen des Wechsels von Marshall zu Acheson und der unmittelbaren Implikationen des Atlantikpakts ebenso im Dunkeln. Vielleicht saßen sie ihrer Propaganda über die aggressiven Ziele der Atlantikmächte ja teilweise selbst auf. Jedenfalls wollten sie unbedingt Genaueres erfahren. Und ihr Wunsch, die diplomatische Position des Westens auszukundschaften, traf sich mit einem ähnlichen Wunsch auf der westlichen Seite.

Deshalb legten die Russen so großen Wert darauf, die Konferenz abzuhalten, daher die allgemeine Bereitschaft, Meinungsunterschiede stoisch zur Kenntnis zu nehmen, geduldig und gutgelaunt weiterzureden und Zeit zu vergeuden. Nur, daß es in Wirklichkeit vielleicht gar keine Zeitvergeudung war. Denn selbst während der ersten drei Wochen, als praktisch nichts getan wurde, müssen sich beide Seiten viele Hinweise und Anhaltspunkte hinsichtlich ihrer wirklichen Absichten gegeben haben, und solche Hinweise und Anhaltspunkte müssen ja erst einmal in aller Ruhe sortiert werden.

Krieg nicht erwünscht

Das um so mehr, als sich hinter der offiziellen Tagesordnung all dieser Viermächtekonferenzen immer eine inoffizielle verbirgt. Nach außen beschäftigen sie sich mit einem bestimmten Thema – in diesem Falle Deutschland –, wissen aber ganz genau, daß sie die ganze Zeit die noch wichtigere Frage der Beziehungen zwischen Rußland und dem Westen behandeln. Diesmal schimmerte die eigentliche Frage so deutlich durch wie nie zuvor. Und oft konnte man sich des Eindrucks nicht erwehren, daß die Punkte auf der offiziellen Tagesordnung, so wichtig sie waren, hauptsächlich als Chiffren für etwas anderes dienten. In der Diskussion über die deutsche Einheit schienen die Russen und der Westen in Wirklichkeit über den Frieden zwischen ihren beiden Ländern zu reden, über die Einheit Berlins, über einen Waffenstillstand im Kalten Krieg.

Beide Diskussionen scheiterten, und dieses Scheitern darf man auch nicht wegdiskutieren. Auf der Konferenz hat sich weder Frieden noch ein Waffenstillstand im Kalten Krieg ergeben, und wir würden uns gefährlich in die Tasche lügen, wenn wir es auch nur einen Moment vergäßen. Dadurch daß Deutschland geteilt bleibt, bleibt im Herzen Europas ein permanentes Spannungsfeld. Und dadurch, daß Berlin geteilt bleibt, konserviert man einen ständigen Krisenherd.

Doch daß die Minister nicht aufgaben, sondern versuchten, die Punkte der Übereinstimmung innerhalb der Nichtübereinstimmung auszuloten, ist hochinteressant. Sie sehen keine Chance für einen Frieden, sie können sich nicht einmal auf einen Waffenstillstand einigen, aber sie sind im Moment alle willens, den Kalten Krieg kalt zu lassen: Das ist das wichtigste Resultat des großen diplomatischen Aufklärungsmanövers. Darin stimmen beide Seiten überein, und mehr wollen sie auch nicht. Sie versuchen nun, eine diplomatische Umschreibung für diese kuriose und sehr unorthodoxe Lage der Dinge zu finden. Vielleicht werden sie fündig in der extrem spärlichen und brüchigen Vereinbarung über den modus vivendi für die beiden Teile Deutschlands und Berlins, über den sie nun gerade diskutieren; und vielleicht werten sie diese Vereinbarung ja noch mit ein wenig neuerlicher Hoffnung auf einen Vertrag mit Österreich auf.

Die Einheit Deutschlands oder die Einheit Berlins hätte über ihren symbolischen Wert hinaus einen Schritt nach vorn bedeutet. Der jetzt diskutierte modus vivendi ist in sich schon hohl und fast nur symbolisch. Typisch, daß es letztlich einerlei wäre, ob er nun unterschrieben wird oder nicht. Selbst ohne ihn hätte die Konferenz zu einer gewissen Atmosphäre der Entspannung geführt. Denn eines ist klar: Im Augenblick will keine Seite in den Krieg ziehen oder in ihn hineintreiben. Andererseits bleiben mit dieser Vereinbarung auch alle Ursachen von Spannungen und Reibungen erhalten, und eine kleine Machtverschiebung kann jederzeit zu einer neuen Krise führen.

Gefährliche Schwäche

Die große Frage, die Paris den Westmächten beschert, lautet: Wie bleibt man wachsam, wenn man nicht von einer aktuellen Krise dazu gezwungen wird? Demokratien fallen zu leicht in ein Gefühl von Erleichterung. Sie verwechseln das kurzfristige Fehlen von akutem Streit zu leicht mit einem Waffenstillstand oder sogar mit Frieden, wenn es lange anhält. Beides ist falsch. Wir befinden uns weiterhin in einem Zustand der Ungewißheit und des drohenden Krieges. Rußland wird auch weiterhin unsere kleinste Schwäche ausnutzen, und wir sind nun unter Umständen mehr versucht, schwach zu werden, als noch vor Paris.

Die Russen können durchaus der Meinung sein, sie hätten mit der Formel »kein Frieden, kein Krieg«, einen Zustand, in dem wir seit vier Jahren leben, einen großen diplomatischen Erfolg errungen. Denn dieser Zustand bringt ihnen viel mehr als uns. In Krisen werden Demokratien wachgerüttelt, doch sobald das Gespenst des Krieges sich verzieht, lassen sie in ihrer Aufmerksamkeit nach. Totalitäre Staaten und militante Ideologien machen es sich nie bequem. Das Ergebnis von Paris wirkt vielleicht wie eine Atempause. In Wirklichkeit stellt es uns auf unsere schwierigste Probe.

* Die Außenminister der USA, Großbritanniens, der Sowjetunion und Frankreichs trafen sich vom 23. Mai bis 20. Juni 1949 in Paris. Sie erzielten keine Einigung zur Deutschlandfrage, erklärten aber, ihre Bemühungen fortsetzen zu wollen.

Ein absolut unerklärlicher Zwischenfall während der britischen Besatzung in Deutschland ereignete sich, als ein Offizier der britischen Militärregierung Dr. Konrad Adenauer im Oktober 1945 wegen »Mangels an Einsatz und Initiative« als Oberbürgermeister von Köln absetzte. Es war außerdem ein Zwischenfall mit ungeahnten Folgen, denn Dr. Adenauer wurde aus dem engen Milieu der Kommunalpolitik in die nationale Politik katapultiert und steht heute kurz davor, der erste Kanzler der neuen westdeutschen Bundesrepublik zu werden.

Geboren in Köln, ist Adenauer vom Ersten Weltkrieg bis zum Auftreten Hitlers Oberbürgermeister der Stadt gewesen, und zwar ein hervorragender. Er hat dafür gesorgt, daß Köln seinen breiten Grüngürtel bekam, die Universität (deren vier Fakultäten ihm alle die Ehrendoktorwürde verliehen), eine jährlich stattfindende Messe, die erste deutsche Autobahn, eine großartige neue Brücke über den Rhein. Außerdem organisierte er 1928 eine Internationale Presseausstellung in Köln, ließ den Hafen sanieren und erweitern, beispielhafte Arbeiter-Siedlungen anlegen und machte Köln, das zwanzig Jahre lang mit seinem Namen identifiziert wurde, zur führenden Stadt in Westdeutschland. Adenauer erschuf das neue Köln, wie Chamberlain das neue Birmingham erschuf.

Als Hitler an die Regierung kam, wurde er sofort seines Amtes enthoben, doch im Mai 1945 – als sei es das Selbstverständlichste der Welt – von den Amerikanern, die Köln erobert hatten, wieder eingesetzt. Fünf Monate später wurde er aus völlig ungeklärten Gründen plötzlich von den Briten entlassen, und es wurde ihm sogar verboten, die Stadt zu betreten.

Schon nach dem Ersten Weltkrieg hatte er im Gegensatz zum in Deutschland herrschenden Zeitgeist aus seinen profranzösischen Neigungen kein Hehl gemacht. Da er perfekt Französisch und fast kein Englisch sprach, betrachteten ihn die britischen Besatzungskräfte nach beiden Kriegen eher mit reserviertem Mißtrauen. Nur die wenigen, die sich zum Umgang mit ihm herabließen, entdeckten, daß seine Ansichten eher pro-westlich als anti-britisch waren. Doch Adenauer ist ein stolzer Mann; er ist überzeugt, daß die Briten die Deutschen verachten.

*

Von diesem Vorurteil abgesehen, ist er aus britischer Sicht keineswegs eine uninteressante Figur. Im Gegenteil, er kommt dem Bild, das viele Briten von einem »guten Deutschen« haben, ziemlich nahe. Er ist nie plump und aufdringlich, ungeschliffen oder penetrant. Elegant, für sein Alter sehr jugendlich, groß, schlank und aufrecht, ausgeglichen und jederzeit zu einem Lächeln bereit, erkennt man in ihm sofort den Gentleman. Er verbindet natürliche Würde mit einem gewissen Charme. Er ist kultiviert und persönlich vollkommen integer. Mit einem Satz: er ist das Prachtexemplar eines gebildeten Großbürgers aus dem kaiserlichen Deutschland.

Am meisten Respekt muß man ihm – außer für seine Leistungen als Oberbürgermeister von Köln – wegen seines Verhaltens unter Hitler erweisen, das selbst seine bittersten politischen Feinde als »untadelig« bezeichnen.

Er zog sich vollkommen zurück, war nie auch nur zur geringsten Geste der Versöhnung mit den Nazis bereit – die sich zu einer bestimmten Zeit gern seiner Reputation und Erfahrung bedient hätten – und verheimlichte seine strikte, absolute Ablehnung nie. Er wurde dreimal verhaftet und einige Wochen festgehalten, ohne konkreten Anlaß, sondern aus dem einfachen Grund, weil er wegen seiner bekannten Haltung »von Natur aus« politisch verdächtig war. Seine Reaktion auf die Erfahrungen im Gefängnis ist charakteristisch. »Was ich nicht verstehe«, sagte er mit traurigem Kopfschütteln, »ist, wie Polizeibeamte, die in meiner Zeit so einwandfrei Dienst taten, plötzlich ein derart brutales Verhalten an den Tag legen.«

*

Das betrachten manche Leute vielleicht als nicht ganz adäquate Reaktion auf die Grausamkeiten der Gestapo. Und es gibt auch tatsächlich kaum Anzeichen, daß die Erfahrung der Nazi-Herrschaft Adenauers politische Weltanschauung großartig beeinflußt oder vertieft hat – die Weltanschauung eines kultivierten Tories aus dem Rheinland, die im großen und ganzen aus der Zeit vor 1914 stammte. Diese Weltanschauung ist großbürgerlichen Deutschen der älteren Generation immer noch bis zur Selbstverständlichkeit vertraut. Nationalstolz ist etwas Natürliches, wird jedoch gemildert durch eine Art Internationale aller netten Menschen.
Für die Armen muß anständig gesorgt werden, doch der Sozialismus bleibt ein Skandal. Marx und Freud sind fremde, schwer verdauliche Phänomene und die Revolutionen Lenins und Hitlers im zwanzigsten Jahrhundert unerklärliche Irrwege.

Ob eine solch bequeme und leicht veraltete bürgerliche Weltanschauung die politischen Probleme unserer Zeit lösen kann, darf bezweifelt werden, doch mit ihrer Hilfe kann man manche Fallgrube meiden und ein guter Taktiker werden.

*

Dr. Adenauer ist heute vermutlich der beste Taktiker auf der politischen Bühne Deutschlands. Er besitzt zwei bei deutschen Politikern seltene Vorzüge: Er ist offen für Kompromisse und hat Humor. Er weiß, wie man aus festgefahrenen Situationen herauskommt und peinlichen Prinzipienfragen aus dem Weg geht. Ohne diese Talente hätte er die schwer auszubalancierende Ansammlung von Gegensätzen, die Christlich-Demokratische Union, niemals drei Jahre lang zusammengehalten und zur stärksten Partei Deutschlands gemacht.

Seine politischen Lehrjahre verbrachte er in der alten, ausschließlich katholischen Zentrumspartei. Doch begriff er schnell, daß sie eine zu schmale Basis für eine Regierungsbildung bot. Bei der Gründung der CDU nahm er, obwohl selbst erzkatholisch, gern die Hilfe der stark vertretenen Protestanten an. Was natürlich so viele Kompromisse erforderte, daß Adenauer heute von vielen nicht nur respektvoll »der Alte«, sondern häufig auch »alter Fuchs« genannt wird.

Sein größtes Handikap ist, daß er persönlich schnell gekränkt ist. Als Katholik, der vom protestantischen Preußen einverleibt wurde, ist er stolz und empfindlich, wie Mitglieder von Minderheitengruppen es oft sind. Sein Horizont ist, ohne daß man es ihm besonders vorwerfen könnte, ziemlich eingeengt.

Er sieht sich selbst als guten Europäer. Doch sein Europa endet an den Grenzen des alten Römischen Reiches, womit er natürlich beträchtliche Teile seines eigenen Vaterlandes ausschließt. Frankreich ist beinahe das einzige Ausland, dem gegenüber er aufrichtig herzliche Gefühle hegt, und ein kurzer Flirt mit den rheinischen Separatisten in den Jahren nach 1918 ist die einzige politische Unbesonnenheit seines bisherigen Lebens.

*

Als westdeutscher Kanzler wird Dr. Adenauer es sicher nicht versäumen, »Einsatz und Initiative zu zeigen«. Gewiß wird er der ersten Regierung des neuen Staates seinen Stempel aufdrücken und, ob zum Guten oder Bösen, eine bestimmte, berechenbare Politik verfolgen.

Er mag die Sozialdemokraten nicht und mißtraut ihnen als nicht verläßlichem Bollwerk gegen den Kommunismus, also wird er alles daran setzen, sie von der Macht fernzuhalten. Gleichzeitig wird er der wieder auflebenden deutschen Wirtschaft freie Hand lassen. Um beides zu schaffen und trotzdem eine parlamentarische Mehrheit hinter sich zu bringen, muß er vermutlich einige höchst dubiose Partner in seine Regierung aufnehmen und damit in gewissem Maße das Mandat der westdeutschen Wählerschaft ignorieren, die für eine Politik der gemäßigten Mitte und nicht für einen klar rechten Kurs votiert hat.

*

In seiner Deutschlandpolitik begnügt er sich wahrscheinlich damit, ein Lippenbekenntnis zur deutschen Einheit abzulegen, aber nicht zu sehr darauf zu drängen. Obwohl national gesinnt, ist er ein Anhänger des Föderalismus und nicht des Zentralismus. In seinem tiefsten Innern fühlt er sich vermutlich ganz wohl in den gegenwärtigen Grenzen des westdeutschen Staates und hat keine Eile, die alten Verbindungen zu den vielen sozialdemokratischen Preußen wieder aufzunehmen.

Gewiß wird er in periodischen Abständen nationale Reden führen, um seine radikaleren Anhänger zufriedenzustellen, besonders dann, wenn es auf Kosten Großbritanniens geht. Doch er wird ehrlich und aufrichtig versuchen, Westdeutschland in Westeuropa zu integrieren und insbesondere zwischen dem neuen Staat und Frankreich Vertrauen zu schaffen. Und tut damit vielleicht auch etwas Gutes für ganz Europa.

Es wäre falsch, in Dr. Adenauers Gesicht mit den schweren Lidern und dem leicht ironischen Ausdruck nach dem Antlitz des neuen Deutschland zu suchen. Er verkörpert nicht das zukünftige, immer noch rätselhafte Deutschland der Nach-Hitler-Generation, sondern definitiv das alte Deutschland der Vor-Hitler-Zeit, dessen überlebende Tugenden und auch dessen Beschränkungen.

Doch obwohl Adenauer nicht die Zukunft verkörpert und nur einen Übergangsstaat in einer Übergangsperiode führt, sollte man nicht vergessen, daß er den Rahmen absteckt, in dem das neue Deutschland Gestalt annehmen kann. Dieser alte Herr von dreiundsiebzig Jahren kann die Zukunft Europas für die nächsten fünfzig Jahre beeinflussen.

* Die ersten Wahlen zum Deutschen Bundestag fanden am 14. August 1949 statt. CDU/CSU: 31 Prozent, SPD: 29,2 Prozent, FDP: 11,9 Prozent, KPD: 5,7 Prozent; darüber hinaus waren kleinere Parteien aus dem rechten Spektrum im Bundestag vertreten.

* Chamberlain: Gemeint ist hier nicht der britische Außenminister Neville Chamberlain, sondern sein Vater Joseph Chamberlain, ein Industrieller, der Ende des 19. Jahrhunderts einige Jahre Bürgermeister von Birmingham war.

Bonn und Straßburg

11. September 1949

Theoretisch ist man sich seit geraumer Zeit einig, daß die einzig dauerhafte und zufriedenstellende Lösung des deutschen Problems die Integration Deutschlands in ein vereintes Europa ist. Bisher existiert aber weder ein Nachkriegsdeutschland noch Europa als organische Einheit, und viele Leute, die von der »schließlichen« Einigung Europas und von Deutschlands »schließlichem« Beitritt zu dieser Europäischen Union redeten, konnten das in dem angenehmen Gefühl tun, über eine vage und nebulöse Zukunft zu plaudern, ohne sich im geringsten festlegen zu müssen.

Doch plötzlich ist diese Zukunft Gegenwart geworden, und die Frage, die Gegenstand so manch flotten akademischen Geplauders war, verlangt hier und heute eine praktische Antwort. Mit Bildung des Bonner Parlaments ist Deutschland als Akteur zurück auf der Bühne der Weltpolitik. Mit der Konstituierung der Europäischen Versammlung in Straßburg kämpft Europa um seinen Weg zur politischen Einheit. Plötzlich wird klar, daß beide Fragen – ob ein Europa existieren und ob Deutschland in dieses Europa integriert werden kann – jetzt entschieden werden, entweder durch Handeln oder Nichthandeln. Beinahe ohne es zu merken, sind wir in eine schicksalhafte Phase der Geschichte eingetreten.

Herunter mit dem Schleier?

Bonn und Straßburg haben sozusagen den Schleier von verborgenen politischen Realitäten gerissen. Bisher konnten wir nur spekulieren, was für ein Deutschland aus der Hitler-Katastrophe erstehen würde und wie die Chancen für eine europäische Einigung stünden. Nun sehen wir es.

Was sehen wir? Als allererstes und mit blendender Deutlichkeit die Tatsache, daß Deutschland wieder da ist und Europa noch nicht. Diese Tatsache ist unbestreitbar, und ihre Bedeutung kann gar nicht genug betont werden. Wenn Europa jemals die Chance haben will, Deutschland zu integrieren, dann muß es sich beeilen, Deutschland im Wettrennen um die Existenz einzuholen. Wertvolle Jahre sind bereits verloren.

Der deutsche Staat, der letzte Woche in Bonn aus der Taufe gehoben wurde, ist pralle, harte, greifbare Realität und strotzt vor Leben. Die beiden Kammern des Parlaments nahmen ihre Tätigkeit so reibungslos auf, als sei das deutsche parlamentarische Leben seit 1933 nie unterbrochen worden. Der öffentliche Dienst steht, tüchtig wie eh und je, Gewehr bei Fuß und erwartet die ministeriellen Befehle; die Regierung wird in wenigen Tagen ihre Geschäfte aufnehmen. Deutschland steht wieder unter eigenem Dampf, bereit, seiner eigenen Wege zu gehen, zum Guten oder Bösen.

Solange das Besatzungsrecht noch gilt, können die Alliierten diesen Weg, wenn nötig, durch bloße Gewalt von außen blockieren. Doch sie halten sich schon jetzt zurück und werden es zunehmend schwieriger finden, je mehr Zeit vergeht und der deutsche Zug an Tempo gewinnt.

Andererseits hat die Straßburger Versammlung zwei Dinge deutlich gemacht, das eine höchst ermutigend, das andere zutiefst deprimierend. Erstens gibt es tatsächlich eine lebendige Keimzelle europäischer Staatlichkeit, doch zweitens: alles, was diesen Keim zum Wachsen bringen könnte, muß noch getan werden.

Ein großes Werk

Die Europäische Versammlung lebt, das ist die große wunderbare Überraschung von Straßburg. Sie hat sich weder als bloße »Schwatzbude«, wie Außenminister Bevin befürchtete, noch als Wiederholung der enttäuschenden Generalversammlung der Vereinten Nationen entpuppt. Straßburg hat gezeigt, daß ein europäisches Parlament funktionieren kann, und schon jetzt hat es großartige Arbeit geleistet.

Inwieweit die Ergebnisse der Versammlung Bestand haben, ist ungewiß; jede einzelne Regierung – nicht zuletzt die britische – kann sie nach eigenem Gutdünken rückgängig machen. Das ist der deprimierende Aspekt der Sitzungen in Straßburg.

Ein Vergleich mit Bonn ist erhellend. Das Bonner Parlament kann beschließen, es hat eine Regierung, die es steuern, und einen öffentlichen Dienst, den es kontrollieren kann. Alles, was die Besatzungsmächte tun können – falls sie in bestimmten Fällen die Entscheidungen mißbilligen –, ist ihr Veto einzulegen und von außen zu blockieren. Die Versammlung von Straßburg kann nichts dergleichen, sie hat kein eigenes Exekutivorgan, keine Machtbefugnisse über die europäischen Völker, vergleichbar mit denen, die das Bonner Parlament über das deutsche Volk hat. Sie kann lediglich Empfehlungen aussprechen – im Prinzip nur an die einzelnen Regierungen appellieren, ihren Rat anzunehmen. Und wenn diese ihn nicht annehmen, dann war's das.

Kopf ohne Körper

Tatsache ist, daß Deutschland heute ein vollausgebildeter Bundesstaat und Europa weit davon entfernt ist. Die Straßburger Versammlung ist ein isoliertes bundesstaatliches Organ, das geschaffen worden ist, bevor eine echte europäische Föderation existiert, ein Kopf ohne Körper. Der politische Rahmen, in dem er sich entwickeln und funktionieren kann, muß noch geschaffen werden. Wenn das nicht geschieht, wird Straßburg trotz des verheißungsvollen Anfangs eingehen und verschwinden, eine wunderbare, aber vergebliche Geschichte nach dem Motto: Schön wär's gewesen.

Wollen wir das? Diese Frage muß mit großem Ernst gestellt werden, denn es hängt in der Hauptsache von uns,

Großbritannien ab, ob Straßburg ein Erfolg wird oder nicht. Frankreich, die Benelux-Länder und Italien waren das ganze letzte Jahr darauf eingestellt, Europa parallel zum Wiederaufbau Deutschlands zu erschaffen und Europa zumindest den gleichen politischen Zusammenhalt zu geben, wie Deutschland ihn nun besitzt. Großbritannien unterstützt zwar auch den Wiederaufbau Deutschlands, doch bisher hat es sich nicht entschieden, am Bau Europas teilzunehmen – eine Entscheidung, die seine eigene Souveränität zwangsläufig tangieren würde.

Für dieses Zögern gibt es natürlich Gründe. Zum einen die Schwierigkeit, unsere Commonwealth-Verbindungen einem Beitritt zu einer Europäischen Union anzupassen. Zum anderen, psychologisch vielleicht noch hemmender, die Tatsache, daß Großbritannien im Moment eine sozialistische Regierung hat, während Europa zu Beginn mit hoher Wahrscheinlichkeit eine nichtsozialistische parlamentarische Mehrheit und daher eine nichtsozialistische Regierung haben würde. Außerdem gibt es natürlich auch eine Angst vor dem Unbekannten und Unberechenbaren.

Ein gefährlicher Weg

Dagegen muß man die harte Tatsache anführen, daß wir angesichts eines wiederexistierenden Deutschlands und eines immer noch nicht existierenden Europas erneut auf dem Weg in die Situation sind, die zu zwei Weltkriegen geführt hat. Und die Faktoren, die aus eben dieser Situation heraus einen dritten Weltkrieg verursachen könnten, sind schon klar zu erkennen.

Doch noch ist es nicht zu spät. Im Augenblick ist Deutschland trotz nationalistischer Untertöne noch ernsthaft willens, sich Europa anzuschließen. Aber es kann sich keinem Europa anschließen, das es nicht gibt. Wenn sich abzeichnet, daß Europa niemals als Staat existieren wird, wird die Stimmung in Deutschland kippen, sein Nationalismus wird sich wieder regen, es wird wieder einmal hauptsächlich nationale Ziele verfolgen, indem es abwechselnd seine West- und seine Ostkarten ausspielt, und der Zweite Weltkrieg wird genauso sinnlos gewesen sein wie der Erste.

Das ist die Situation, die sich in Bonn und Straßburg gezeigt hat. Wir müssen wählen zwischen den unbekannten Risiken, uns mit Deutschland in einem föderalen Europa zusammenzuschließen, und den bekannten und tödlichen Risiken, wieder in die Situation von 1914 und 1939 zu schlittern. Wir haben die Wahl, und die Zeit der Entscheidung ist da.

* Der Europarat mit seiner Parlamentarischen Versammlung wurde im Januar 1949 von der Westunion beschlossen und am 8. August 1949 in Straßburg konstituiert.

Die Mitglieder der deutschen Bundesversammlung, die am letzten Montag Dr. Theodor Heuss zum Bundespräsidenten wählten, waren so mit ihren parteitaktischen Manövern beschäftigt, daß sie wahrscheinlich gar nicht begriffen, welch scharfen Bruch mit der deutschen Tradition sie gerade vollzogen. Sie wählten ein Staatsoberhaupt, wie Deutschland noch nie eines gehabt hat. Ein gebildeter Liberaler und zurückhaltender homme de lettres als Oberhaupt und Repräsentant der deutschen Nation – das klingt unglaublich.

In der deutschen Geschichte hat es nur einmal eine Zeit gegeben – eine kurze Spanne von wenigen Monaten –, in der Männer vom Typ Heuss' an der Spitze standen: im Jahre 1848. Und nicht zufällig steht auch die Familie Heuss in der Tradition der 48er-Revolution. Heuss' Großvater kämpfte bei dem Aufstand als Jugendlicher auf den Barrikaden, ebenso wie ein Großonkel, der dafür mit langen Jahren der Haft büßen mußte.

*

Als der Enkel letzte Woche als Präsident der neuen Republik vor der atemlos lauschenden Versammlung seine Antrittsrede hielt, ließ er mit Absicht alle historischen Namen weg, die die Deutschen von klein auf verehren. Kein Wort von Bismarck; sogar Weimar wurde nicht erwähnt. Statt dessen erwies Heuss den liberalen Ideen der Männer von 1848 seine tiefempfundene Referenz, Ideen, die, wie er sagte, in Deutschland immer noch verwirklicht werden müßten, in der jetzigen Lage mit geradezu schicksalhafter Dringlichkeit. »Damals wäre es eine geschichtliche Leistung gewesen. Heute ist es die Voraussetzung für eine lebendige Demokratie.«

Tatsächlich hatte man beim Hören der Rede des Bundespräsidenten – der frei sprach, mit wachsender Leidenschaft improvisierte und Geschichte und politische Theorie mit der Leichtigkeit des Gelehrten verband – den Eindruck, dem Beginn eines großen Wagnisses beizuwohnen, dessen Erfolg oder Scheitern tiefe Spuren in der Geschichte hinterlassen würde. Da stand ein Mann, der den Kampf aufnahm mit dem schweren Schatten all derer, die als Schöpfer des modernen Deutschland gelten: von Friedrich dem Großen über Bismarck, Karl Marx und Hindenburg bis Hitler. Man blickte mit Erstaunen und einer gewissen Besorgnis, doch letztlich auch voller Vertrauen auf ihn: die fragile, aufrechte Gestalt mit dem feinen Kopf, der so seltsam an Bertrand Russell erinnert; die selbstbewußten Gesten, den schweren schwäbischen Zungenschlag, die gelassene, aus Aufrichtigkeit wachsende Autorität. Vielleicht kein »großer Mann«, doch allemal eine außergewöhnliche Gestalt.

*

Theodor Heuss ist erst in dieser Woche zu einer landesweit bekannten Figur geworden. Auch seine vorherige Rolle in der zweiten Reihe der deutschen Politik spielte er erst seit 1945. Davor war er viele Jahre lang in der Welt der politischen Literatur und des akademischen Lebens ein respektierter, wenn auch als etwas provinziell geltender Mann. Er schrieb historische, politische und biographische Bücher, gab eine liberale Wochenschrift und zwischendurch eine Tageszeitung heraus, war Dozent an der Deutschen Hochschule für Politik in Berlin, zu deren Gründern er 1920 gehörte, und kurze Zeit Hinterbänkler im glücklosen Reichstag.

Vielleicht hinderten ihn seine weitgestreuten Aktivitäten während der Jahre zwischen dem Ersten Weltkrieg und Hitler daran – als er zwischen dreißig und fünfzig Jahre alt war –, sich in einem seiner Tätigkeitsbereiche einen Namen zu machen. Vielleicht gehörte er aber auch zu den Menschen, die langsam reifen. In Württemberg, einer verschlafenen Ecke Süddeutschlands, von wo Heuss herkommt, wird man einem Sprichwort zufolge erst mit vierzig Jahren richtig erwachsen. Gewiß jedenfalls hätte keiner, der ihn in dem Alter kannte – einen kultivierten, freundlichen Mann, mit allen Symptomen des ewigen Dilettanten –, gedacht, daß er aus dem Schattendasein während der Hitlerzeit später einmal derart ins Rampenlicht treten würde.

Er fristete ein Schattendasein, war aber kein Märtyrer. Im März 1933 stimmte er mit seiner Partei, ja, mit allen Parteien außer den Sozialdemokraten, für die Ermächtigungsgesetze der Regierung Hitler – ein hektischer und vergeblicher Versuch des Reichstags, die Tyrannen zu besänftigen und seine eigene Existenz zu sichern, entschuldbar, doch gewiß nicht heroisch.

Ein paar Tage später gehörten Heuss' Bücher zu denen, die vor der Berliner Universität von SA-Leuten öffentlich verbrannt wurden. In den nächsten drei Jahren, als man noch zwischen den Zeilen schreiben konnte, gab er weiter seine Wochenschrift »Die Hilfe« heraus. Doch 1936 wurde sie verboten, und er selbst durfte nicht mehr publizieren.

*

In den folgenden Jahren lebte er in völliger Abgeschiedenheit und verfaßte sein Opus magnum, die Biographie seines politischen Mentors Friedrich Naumann, eines großen deutschen Liberalen. Die Biographie geriet zur Geschichte des deutschen Liberalismus im Kaiserreich und in der Weimarer Republik. Sie wurde 1945, nach Hitlers Tod, veröffentlicht und hat seither in der Fachwelt großes Ansehen gewonnen.

Dr. Heuss' Buch ist ein bleibendes Denkmal für einen Liberalen, geschrieben in einer Zeit, als in seinem Land schon das Wort »Liberaler« als Schimpfwort und Beleidigung galt. Das Schreiben war für ihn ein Akt der Zuversicht und des Dennoch. In seinem »Dr. Faustus« ließ Thomas Mann, der in Amerika schrieb, einen fiktiven deutschen Humanisten mitten in Nazi-Deutschland die Biographie eines fiktiven deutschen Komponisten verfassen, ein trauriges Mahnmal für die Tragödie der deutschen Kultur. Während Mann schrieb, lebte Heuss diese Rolle in der Wirklichkeit, er lebte Manns Traum. Doch selbst Thomas Mann hätte es sich nie träumen lassen, daß der Prototyp seiner Phantasie nach der Niederschlagung des Dritten Reiches der erste Präsident der Bundesrepublik Deutschland werden würde.

Heuss glaubte offenbar nie, daß Hitlers Regime von innen heraus gestürzt werden könne, und betrachtete es als seine Pflicht, sich auf das vorzubereiten, was danach kam. 1945 dann, als beinahe jeder in Deutschland Überlebende von der totalen Zerstörung, die Hitler über das Land gebracht hatte, benommen und gelähmt war, gehörte Heuss zu den ersten, die mit klaren Vorstellungen und einem konkreten Programm hervortraten. »Wir müssen unsere geistige Kraft wiedergewinnen«, war der Schlüsselsatz in seinem Appell an seine demoralisierten Landsleute. Im Sommer 1945 gründete er mit einer Handvoll anderer eine neue liberale Partei und übernahm kurz darauf zum ersten Mal in seinem Leben ein Ministeramt – wie es sich gehörte, das des Kultusministers in seinem Heimatland Württemberg-Baden.

*

Als Heuss aus den Jahren seiner Abgeschiedenheit wieder an die Öffentlichkeit trat, war er nicht mehr jung, doch ein Mann, der neues Format und neue Autorität gewonnen hatte: immer noch eher ein Heiler und Versöhner als ein Hasser und Verfolger, doch nun mit einem fast prophetischen Beharren darauf, daß sein Land sich nur durch eine vollkommene Umkehr retten könne, eine ehrliche Hinwendung zu den Idealen der Selbstbestimmung, der Toleranz und des Humanismus – Ideale, die Deutschland nicht nur in den vergangenen zwölf Jahren mißachtet hatte, sondern, wie er nie müde wurde zu betonen, seit einem Jahrhundert. Viele Menschen in Deutschland und anderswo waren wegen der Erfahrung der Hitler-Zeit in ihrem Glauben an Liberalismus und Humanismus erschüttert worden, Heuss setzte auf Grund dieser Erfahrung seinen Glauben in die Tat um.

Er spielte eine entscheidende Rolle bei der Formulierung der Bonner Verfassung – die in ihrer betonten Liberalität die liberale Verfassung Weimars weit übertrifft und die erste Verfassung der Welt ist, die ausdrücklich vorsieht, daß die nationale Souveränität in einer übernationalen Regierung aufgehen kann, sobald eine solche existiert. Mit fünfundsechzig Jahren ist er nun für fünf Jahre in das Amt des Bundespräsidenten gewählt worden.*

Zum ersten Mal wird Deutschland offiziell von einem leidenschaftlichen Demokraten, einem zutiefst kultivierten Humanisten und einem bekennenden Liberalen repräsentiert. Wird es ihn als seinen wahren Repräsentanten respektieren und sich mit ihm identifizieren? Oder wird es seine Autorität insgeheim in Frage stellen und auf den nächsten Propheten des Blut und Eisen warten, den nächsten »starken Mann«, den nächsten Führer? In der Präsidentschaft Heuss' verbergen sich Konflikte, die die zivilisierte Welt mit gehöriger Anteilnahme beobachten sollte.

* Liberale Partei: Heuss war 1945 Mitbegründer der Demokratischen Volkspartei, die später in Demokratische Partei Deutschlands umbenannt wurde und sich 1948 mit anderen liberalen Parteien zur Freien Demokratischen Partei (FDP) zusammenschloß, deren erster Vorsitzender Theodor Heuss wurde.

* Am 12. September 1949 wählte die erste Bundesversammlung Theodor Heuss zum ersten Bundespräsidenten. Er redete nach seiner Vereidigung im Plenarsaal des Bundeshauses und anschließend auf dem Marktplatz in Bonn.

Rußland in Deutschland *9. Oktober 1949*

Die Bedeutung der gegenwärtigen Ereignisse in Deutschland wird in Großbritannien grob mißverstanden. Viele Menschen sind mehr oder weniger der Meinung, daß Deutschland zwar nicht offiziell, aber de facto geteilt ist. Die Bonner Republik verkörpert für sie einen neuen Staat: »Westdeutschland«. Und die Russen, glauben diese Leute, bauen nun ihren eigenen, kleineren und ärmeren Staat: »Ostdeutschland«. Bleibt die knifflige Sache mit Berlin; doch davon abgesehen, meint man hier, sei das Problem erledigt, und die beiden Deutschlands würden von nun an getrennte Wege gehen.

Nichts ist beschlossen

Das ist ein gründlicher und gefährlicher Irrtum. Niemand hat zu irgendeinem Zeitpunkt einer Teilung Deutschlands zugestimmt oder sie stillschweigend akzeptiert, weder die Westalliierten noch die Russen, noch die Deutschen. Die Bonner Regierung betrachtet sich nicht als Regierung Westdeutschlands und die von den Russen geförderte Regierung, die sich nun in Ost-Berlin formiert, versteht sich auch nicht als Regierung Ostdeutschlands. Beide erheben den Anspruch, Gesamtdeutschland zu vertreten.

Und bei diesem Alleinvertretungsanspruch werden sie diskret oder ganz offen von den Westalliierten beziehungsweise Rußland unterstützt. Auch die Masse des deutschen Volkes, das sich rapide aus der Erstarrung nach der Niederlage erholt, denkt keinen Moment lang daran, sich mit dem Gedanken an eine geteilte Nation abzufinden. Wir beobachten also keine Einigung, sondern die letzten Vorbereitungen auf eine Schlacht.

Wie wird die Schlacht geschlagen? Auf den ersten Blick ist alles sehr undurchsichtig. Zwei rivalisierende Regierungen beanspruchen die Herrschaft über ein Land, und da sie jeweils eine Hälfte davon regieren, ist die klassische Situation für einen Bürgerkrieg gegeben. Aber dazu wird es vorläufig nicht kommen, weil die beiden übermächtigen Besatzungstruppen im Land sind. Die andauernde Besatzung durch die vier Mächte und die ebenso andauernde gegenseitige Blockade der vier Mächte führen in der Deutschlandpolitik zu einem Patt, angesichts dessen die Alleinvertretungsansprüche der beiden deutschen Regierungen doch ziemlich wirklichkeitsfremd klingen.

Volles Risiko

Es scheint allerdings, als wollten die Russen die Pattsituation beenden und dabei hoch ins Risiko gehen. Das offizielle russische Organ in Deutschland, die »Tägliche Rundschau«, behauptete zum Beispiel letzte Woche, Rußland wolle, sobald die ihm ergebene Ost-Berliner Regierung gebildet sei, einen Friedensvertrag mit ihr abschließen. Danach werde deren Territorium »von Okkupationstruppen frei sein«.

Das sind offenbar die Eckpunkte einer neuen und kühnen russischen Politik, die den Rahmen, innerhalb dessen wir das deutsche Problem bisher betrachtet haben, vollständig ändern würde. Nachdem die Russen in Deutschland weder durch Gewalt noch durch kommunistische Propaganda etwas erreicht haben, wollen sie jetzt anscheinend eine Kehrtwendung um einhundertundachtzig Grad machen, Deutschland verlassen und eine Allianz mit Deutschlands nationalbewußten Kräften anstreben, die sie dann gegen die verbliebenen westlichen Besatzer einzusetzen hoffen. Diese Idee ist nicht so verrückt, wie sie auf den ersten Blick aussieht. Sie verdient es, ernstgenommen zu werden.

Zweifellos geht die neue russische Politik bewußt ein großes Risiko ein, doch ihr Kalkül könnte sich als falsch erweisen. Im Moment nämlich hat die von Rußland gestützte, natürlich von Kommunisten dominierte ostdeutsche Regierung keinerlei Rückhalt in der Bevölkerung. Ihre Macht hängt zur Zeit allein von den russischen Bajonetten ab, und den Abzug ihrer »Schutzmacht« würde sie wohl nicht überleben.

Die sowjetischen Ziele

Doch die Russen bauen offenbar darauf, daß die Aussicht auf ihren Rückzug der ostdeutschen Regierung Akzeptanz sichert, und wenn der Rückzug einmal erfolgt ist, sogar Ansehen verschafft. Vermutlich halten sie die ostdeutsche »Volkspolizei«, realiter schon jetzt eine Armee, für stark genug, alle innerdeutschen Versuche zum gewaltsamen Sturz der Regierung niederzuschlagen.

Außerdem scheinen die Russen offenbar damit zu rechnen, daß sich einer deutschen Regierung in Berlin – ohne fremde Besatzer und mit eigener Armee, möglichst noch abgepuffert von günstigen Handelsverträgen mit Rußland und seinen Satelliten, Deutschlands traditionellen Handelspartnern – im noch von den Besatzern kontrollierten Westen unendlich viele Chancen bieten, Konflikte zu schüren. Sie meinen, daß diese Regierung nicht nur für Kommunisten dort attraktiv wäre, sondern auch für alle Nationalisten und Ex-Nazis (im Osten appelliert sie ja jetzt schon ausdrücklich an sie, mit den Kommunisten eine »nationale Front« zu bilden) und, mehr noch, für die große, unzufriedene Masse der Flüchtlinge und Kriegsopfer, die heute an den Rändern der westdeutschen Wirtschaft ein trostloses, unsicheres Dasein fristet. Eine nationalistische Opposition und soziale Not könnten für die deutschen Bolschewiken eine ebenso mächtige Waffe gegen die Bonner Republik werden, wie sie es für Hitler gegen die Weimarer Republik waren.

Gewiß, letztendlich stehen immer noch die amerikanischen, französischen und britischen Truppen in Westdeutschland. Doch wenn die westlichen Besatzer gezwungen wären, mit Hilfe ihrer Streitkräfte die Ordnung aufrechtzuerhalten und einen Volksaufstand niederzuschlagen, hätte Rußland die Schlacht um Deutschland praktisch schon gewonnen.

Wir müssen uns fragen, ob wir gerüstet sind, einen solchen russischen Vorstoß, wenn er denn kommen sollte, abzuwehren. Sicher, unsere Deutschlandpolitik hat sich bisher als sehr viel erfolgreicher als die Rußlands erwiesen. Die Bonner Republik genießt heute unendlich viel mehr Ansehen und Autorität in der Bevölkerung als die russische Marionettenregierung in Ost-Berlin in ihrer, und wenn ganz Deutschland frei entscheiden könnte, würde es sich mit überwältigender Mehrheit für den Westen und nicht den Osten entscheiden. Doch darauf sollten wir uns nicht zu sehr verlassen.

Demontage

Es gibt immer noch starke, traditionell gefärbte nationale Strömungen in Deutschland, die dem Westen ebensosehr mißtrauen wie dem Osten. Es gibt das enorme, explosive Problem der neun Millionen heimatlosen Flüchtlinge und Vertriebenen im Westen, die anfällig sind für demagogische Parolen aus jedwedem Lager. Deutschland mit seinem lebenswichtigen Bedarf an Exportmärkten wird in die Arme der Russen treiben, wenn wir keine Alternativen bieten. Das Besatzungsstatut und die Quasi-Unmündigkeit, in der es die Bonner Regierung hält, sind eine ständige Quelle von Querelen. Und mit den Demontagen – ein kapitaler Fehler! – reiben wir den Deutschen Tag für Tag unter die Nase, daß wir sie immer noch als unsere Feinde betrachten.

Angesichts der neuen, sich nun herausschälenden russischen Politik können wir nicht hoffen, weiterhin die Deutschen bei der Stange zu halten, nur weil wir ihnen als das kleinere Übel erscheinen. Wir dürfen eine russische Politik der Partnerschaft und des Handels nicht mit repressiver Kontrolle beantworten. Wir können nicht ewig auf Antikommunismus und Rußlands schlimmen Ruf in Deutschland bauen und keine eigenen positiven Signale setzen.

Echte Chance

Dabei müssen wir nicht einmal dem kruden deutschen Nationalismus Avancen machen. Die Deutschen würden doch heute die reelle Chance, als gleichberechtigtes Mitglied in einem vereinten Europa oder einer Atlantischen Union aufzugehen, mit beiden Händen ergreifen. Um die drohende Schlacht um Deutschland zu gewinnen, muß man, großzügig und politisch vorausschauend, Deutschland nicht länger als unversöhnlichen Feind oder auf Bewährung Verurteilten sehen, sondern als potentiellen Freund und Partner von morgen.

Nachwort

Sebastian Haffner folgte im August 1938 seiner jüdischen Freundin, die mit ihrem Sohn aus erster Ehe gerade noch rechtzeitig im Juni 1938 nach England emigrieren konnte. Er hatte vorher in Berlin Jura studiert, noch als Jurist gearbeitet, aber keine Freude daran gefunden. Sein Beruf wurde das Schreiben – anfangs versuchte er sich in Erzählungen, später in journalistischen Arbeiten (einiges konnte er noch in Deutschland veröffentlichen). Daß es ihm leicht fiel, aus Deutschland wegzugehen, war politisch begründet. Das faszinierende Leben, das er in Berlin kennengelernt hatte, hat ihn jedoch weiter geprägt (ein Grund, warum er später oft über Berlin schrieb und schließlich dorthin zurückkehrte).

Das Leben in der Emigration war für niemanden einfach. Der 1939 ausbrechende Krieg, insbesondere der deutsche Angriff auf Frankreich 1940 und die danach drohende Invasion Englands produzierten einen dreifachen politischen Druck – einmal sich selbst klarzumachen, daß die deutsche Politik ohne Abstriche verbrecherisch war; zweitens den englischen Behörden und Nachbarn deutlich zu machen, daß man mit dieser deutschen Politik nicht zu identifizieren war und drittens die ständige Angst (bis ins Jahr 1943 hinein), daß ein deutscher Überfall auf England das sichere Ende für alle Emigranten bedeuten würde.

Dennoch – 1940 wurde auch das Jahr, in dem sich zeigte, daß Sebastian Haffner nicht gewillt war, die Emigration als Zwangspause hinzunehmen. Er suchte die Chance, sich in einer fremden Sprache und in einem fremden Land mit seiner politischen Position zu Wort zu melden. Er lernte Englisch, knüpfte Kontakte zu englischen Publizisten und Verlegern und konnte 1940 in dem angesehenen Verlag Secker & Warburg sein erstes Buch »Germany: Jekyll and Hyde« veröffentlichen, das große Aufmerksamkeit fand – nicht zuletzt deswegen, weil ein Deutscher, der weder aus rassistischen noch politischen Gründen verfolgt war, eindeutig Positionen gegen Hitler-Deutschland bezog – ein Liberaler, der sich nach seiner Einbürgerung 1948 in Großbritannien als »Preuße mit britischem Paß« bezeichnete.

Die Folge dieses Buches war, daß Haffner (er hatte sich wie viele publizierende Emigranten ein Pseudonym zugelegt, um seine in Deutschland lebende Verwandtschaft nicht zu gefährden) vom Sohn des Eigentümers des »Observer«, David Astor, zur Mitarbeit aufgefordert wurde. Haffner war interessant nicht nur als Deutschland-Kenner und erfolgreicher Buchautor; er verband politische Leidenschaft mit strategischer Logik, ein nie erlahmendes Interesse an deutschen Fragen mit literarisch fundierter Weltläufigkeit – und er verfügte über eine Sprache (auch im erlernten Englisch), die sich geschmeidig zwischen Polemik, Ironie, kalter Analyse und sensiblen Beobachtungen bewegen konnte.

Er schrieb von 1942 an beinahe wöchentlich in bestimmten Kolumnen – zunächst »Profiles«, dann als »Student of Europe« und zum Teil als »Liberator«. Seine Artikel waren übrigens bis 1949 nicht namentlich gezeichnet. Mit einer kleinen, von David Astor zum »Observer« geholten Gruppe von politisch profilierten Publizisten (u.a. George Orwell, Isaac Deutscher oder Richard Löwenthal) sorgte Haffner dafür, daß der »Observer« nicht nur das weltweit angesehenste liberale Blatt, sondern seine Kommentare von den politischen Akteuren in den westlichen Außenministerien aufmerksam studiert wurden.

Aus einer größeren Anzahl von Artikeln sind hier diejenigen augewählt, die zu wichtigen Stationen der Kriegs- und Nachkriegssituationen Position beziehen, nicht zuletzt solche, die sich auf die deutsche bzw. europäische Situation konzentrieren. Haffner, der seiner Auffassung treu blieb, Journalisten sollten »zuspitzen«, glänzte durch überraschende und fast ebenso oft zutreffende Prognosen; er blieb offen für neue Erkenntnisse, verblüffende Erfahrungen und war jederzeit bereit, aus neuen Situationen neue Schlüsse zu ziehen. Das Handwerk des politischen Kommentators, aktuellen Ereignissen grundsätzliche politische Signale abzugewinnen (oder sie ihnen zu geben), beherrschte er wie kein zweiter. Daß seine mitunter kampagnenartig attackierenden Artikel heute noch so aufregend sind, als ob man die Zeit vor ungefähr fünfzig Jahren miterleben würde, hängt mit der Dramaturgie seiner Texte zusammen: Sie sind politisch auf die Spitze getriebene Meinung und Geschichtsschreibung in einem. Das macht sie zu Dokumenten einer welthistorischen Entwicklung, die – wie man aus Haffners Kommentaren lernen kann – viel mehr Optionen hatte, als wir heute, mit den Daten bestens versorgt, glauben wollen.

Die Dramatik dieser Jahre von 1942 bis 1949 in den oft nur aus dem Abstand weniger Tage geschriebenen Artikeln nachvollziehen zu können, macht diese Sammlung zu einem Geschichtsbuch authentischer Art.

Einige Daten wurden, wo sie offensichtlich fehlerhaft waren, stillschweigend korrigiert. Die Zitate deutscher Zeitungen oder Redner konnten meist nicht mehr im Original verifiziert werden. Anmerkungen wurden nur da gemacht, wo sich der Sinn von Namen oder Fakten nicht aus dem Text selbst ergibt.

Herausgeber und Verlag danken Beate Pinkerneil für einen nützlichen Hinweis, Katrin Klinger, Christina von Bonin und Michael Sontheimer für hilfreiche Londoner Vermittlungen, Camilla Zoller für Recherchen und Sigrid Ruschmeier für eine Mitarbeit, die weit über die Normseiten einer Übersetzerin hinausging.

R.N. im August 2001

Personenregister

Rüdiger Safranski

Ein Meister aus Deutschland

Heidegger und seine Zeit

Band 15157

Das Leben, die Philosophie, das Jahrhundert – Safranski legt mit seinem Buch über Martin Heidegger die Biographie des 20. Jahrhunderts vor. Es ist zugleich das Porträt einer Epoche, eine prägnante Reflexion über den Zusammenhang von Denken, Leben und politischer Verstrickung. Heideggers nationalsozialistisches Engagement in der Zeit seines Freiburger Rektorats bleibt in Safranskis glasklarer Darstellung des philosophischen Werdegangs Martin Heideggers ebensowenig ausgespart wie die Kontroverse um die Nachgeschichte seines »Irrtums«.

Das Buch besticht durch seine souveräne Beherrschung des zeit- und ideengeschichtlichen Materials, es ist eine überragende Auseinandersetzung mit Heideggers Lebenswerk, die sich zu einem Panorama deutscher Kulturgeschichte von der Zwischenkriegszeit bis in die frühen 70er Jahre der Bundesrepublik ausweitet.

Fischer Taschenbuch Verlag

fi 15157 / 1

Barbara Tuchman

Die Torheit der Regierenden

Von Troja bis Vietnam

Aus dem Amerikanischen von Reinhard Kaiser

Band 15394

Barbara Tuchman untersucht die vielleicht faszinierendste Paradoxie der Geschichte: die Verwirklichung einer Politik, die dem Eigeninteresse der Regierenden entgegensteht. Sie führt den Leser an vier entscheidende Schauplätze. Der erste ist der Trojanische Krieg. Gegen göttliche Omen und Beschwörungen aus den eigenen Reihen handelnd, ziehen die Trojaner das Pferd in ihre Mauern und verurteilen sich selbst zum Untergang. Das hölzerne Pferd ist das Symbol eines Wahns, der heute existenzgefährdend geworden ist. Die sechs Jahrzehnte päpstlicher Torheiten stellt sie im zweiten Abschnitt vor: Korruption, Amoral und Machthunger, die hochmütige Nichtachtung aller Proteste und Klagen, die zum Protestantismus und zu den Religionskriegen führten. Im dritten Kapitel erzählt sie, wie Georg III. und seine Regierung die Beziehungen zu den Siedlern in den amerikanischen Kolonien zerstörten. Die Verblendung der englischen Krone und ihrer Berater machte aus Untertanen Rebellen und besiegelte den Verlust eines Kontinents. Und schließlich analysiert sie Amerikas Verwicklung in Vietnam – von Franklin D. Roosevelts zögernder Unterstützung des französischen Kolonialismus in Indochina über die unsinnige Domino-Theorie bis zu Lyndon B. Johnsons törichtem Bestehen auf einem militärischen Sieg und der kaum verhüllten Niederlage der USA.

Fischer Taschenbuch Verlag

fi 15394 / 1

Lorraine Daston

Wunder, Beweise und Tatsachen

Zur Geschichte der Rationalität

Aus dem Englischen von Gerhard Herrgott, Christa Krüger und Susanne Scharnowski

Band 14763

Die Aufsätze dieses Bandes verstehen sich als Versuche zu einer Geschichte der Rationalität. Rationalität läßt sich, das ist der methodische Leitgedanke, am besten in ihren besonderen Ausprägungen studieren, in den Techniken, durch die ästhetische Prinzipien mit der innerweltlichen Praxis verlötet werden. Die hier versammelten Aufsätze stellen sich nicht zuletzt die Aufgabe, diese hochtönenden Abstraktionen in konkrete Arten des Denkens, Fühlens und Handelns zu transformieren, die ihrerseits geschichtliche Errungenschaften sind.

Fischer Taschenbuch Verlag

fi 14763 / 1

Hans Werner Henze

Reiselieder mit böhmischen Quinten

Autobiographische Mitteilungen 1926-1995

Band 15095

Ein überragender Komponist, vertraut mit allen Künsten, hat zu seinem 70. Geburtstag am 1. Juli 1996 sich selbst und seinem Publikum in der Welt dieses Buch zum Geschenk gemacht, eine große deutsche Autobiographie.

Geboren in Gütersloh, Westfalen, entflieht Hans Werner Henze der Enge des Elternhauses und wendet sich der Musik zu. Verstört durch Faschismus, Gewalt und Krieg nimmt er ein Kompositionsstudium auf. Das Schöpferische setzt sich frei, Partitur reiht sich an Partitur. Henze unterwirft sich nicht dem Zwölftondogma, folgt seinem eigenem Schönheitsbegriff. Grenzgänger im Politischen wie im Erotischen, träumt er von einem humanen Sozialismus und sieht seine Utopie an der Wirklichkeit scheitern. Heimat findet er in Italien, dort die ergreifend geschilderte Gemeinschaft mit Ingeborg Bachmann.

»›Reiselieder‹ sind diese ›autobiographischen Mitteilungen‹ allemal, denn Henze ist viel unterwegs, in allen Erdteilen, oft in Sachen seiner Musik, immer wieder aber auch als Tourist(...).«

Frankfurter Rundschau

Fischer Taschenbuch Verlag

fi 15095 / 1

Franz Kafka

Brief an den Vater

Fassung der Handschrift

Mit einem Nachwort und Anmerkungen versehen von Roger Hermes

Band 14674

Franz Kafkas Brief hat den Vater nie erreicht. Dagegen fand der Text durch Max Brods posthume Edition eine breite Leserschaft: Die Klage des Sohnes über den übermächtigen Vater wurde zu Literatur. Kafka scheint sich in die Reihe der Protagonisten seiner Erzählungen einzugliedern; wie Georg Bendemann im »Urteil« stellt er fest: »Mein Vater ist immer noch ein Riese«.

Der »Brief an den Vater« ist Mittler zwischen Werk und Wirklichkeit. Nicht nur die äußeren Lebensumstände des Prager Versicherungsangestellten werden erfahrbar, sondern auch die innere Welt des Schriftstellers, dessen ebenso beunruhigendes wie inspirierendes Werk die Geschichte der Literatur dieses Jahrhunderts nachhaltig beeinflußt hat.

Textgrundlage dieser Ausgabe ist die Kritische Ausgabe der Werke von Franz Kafka, die, wo sie erhalten ist, der Handschrift folgt. Die Kritische Ausgabe löst die seit 1925 von Max Brod herausgegebene Nachlaßedition ab.

Fischer Taschenbuch Verlag

fi 14674 / 1

Jared Diamond

Arm und Reich

Die Schicksale menschlicher Gesellschaften

Aus dem Amerikanischen von Volker Englich

Band 14967

In den 13 000 Jahren seit der letzten Eiszeit bildeten sich in manchen Gegenden der Welt alphabetisierte Industriegesellschaften heraus, in anderen entstanden schriftlose Bauerngesellschaften und einige Völker leben noch heute als Jäger und Sammler und benutzen Steinwerkzeuge. Diese extrem ungleichen Entwicklungen der menschlichen Gesellschaften führten nicht selten zu schrecklichen Katastrophen, denn die industrialisierten Gesellschaften eroberten die anderen Gegenden der Welt und rotteten ganze Völker aus. Was sind die Wurzeln dieser Ungleichheit, warum überhaupt entstanden verschiedene Gesellschaftsformen?

Ein für allemal räumt Diamond mit jeglichen rassischen und rassistischen Theorien auf und zeigt, daß vielmehr die klimatischen und geographischen Unterschiede am Ende der letzten Eiszeit verantwortlich für die Geschichte(n) der Menschheit sind. »Arm und Reich« ist ein Buch über die Vor- und Frühgeschichte, das aktueller und zeitgemäßer nicht sein könnte.

Fischer Taschenbuch Verlag

fi 14967 / 1

Stephen Jay Gould

Ein Dinosaurier im Heuhaufen

Streifzüge durch die Naturgeschichte

Aus dem Amerikanischen von
Sebastian Vogel und Cornelia Holfelder-von der Tann
604 Seiten mit 34 Abbildungen. Geb.

Mit seinem neuen Buch erweist sich der Evolutionsbiologe und Paläontologe Stephen Jay Gould abermals als virtuoser Essayist. Ganz in der Tradition Montaignes vermag Gould seine Leser zu bannen, indem er Literatur, Wissenschaft und persönliche Ansichten zusammenführt. Ob er über die Sonnenfinsternis in New York, Mary Shelleys »Frankenstein« oder die Trugschlüsse der Eugenik berichtet, stets entwickelt er einen undogmatischen, umfassenden Blick auf die Welt.

Seine großen Themen – Zeit, Geschichte und Evolution – verliert der Autor nie aus den Augen. Anders als viele Wissenschaftler geht er davon aus, dass die Evolution kein langsamer, stetiger Prozess ist, sondern von plötzlichen Ereignissen vorangetrieben wird. Lehrreich und unterhaltsam erläutert er seine Theorie anhand vieler überraschender Fragen, deren Antworten sich spannend wie Detektivgeschichten lesen.